シリーズ◆荒れる青少年の心
自己愛の障害

もろい青少年の心

発達臨床心理学的考察

上地雄一郎・宮下一博 編著

北大路書房

はじめに

　青少年が引き起こすさまざまな問題の背後に，自己の存在を認めてもらおうとする必死のあがきや自己の価値を認めてもらえないための傷つきが隠れているように思えることがある。そうだとすれば，これらの問題は，自己愛（ナルシシズム）とその障害という視点からとらえることができる。本書は，このような自己愛とその障害を理解するための基本的視点を提供しようとするものである。

　自己愛やその障害を取り上げた書籍は，すでに多数刊行されている。しかし，その多くは専門書的色彩の濃いものであり，一般の読者は読むのに骨が折れるかもしれない。本書は，そのような専門書への橋渡しの役割を意図している。そのため，最近の理論的，臨床的，実証的な研究の成果を取り入れながらも，それを咀嚼し，専門外の人にも理解しやすい記述を心がけた。対象としては，臨床心理学を学ぶ大学生やまだ臨床経験の浅い大学院生，教育や福祉の実践に携わる人たち，この領域に関心のある一般の読者を想定している。

　第1章では，自己愛とその障害について理論的・概念的な整理が行われている。この章は，限られた紙面のなかに密度の濃い内容を詰め込んだため，少し難解な部分があるかもしれない。その場合には，巻末に紹介されている類書を参照するなどして理解を深めていただければさいわいである。また，第1章を読むのに骨が折れるようであれば，第2章と第3章を先に読んでから第1章に戻るのもひとつの方法である。

　第2章では，自己愛の障害の実態を具体的に記述している。まず第1節では，自己愛の障害のタイプとレベル（重症度）が，短い事例挿話を用いて解説されており，自己愛の障害の実態を概観することができる。第2節では，自己愛の障害を「尊大で自己顕示的なタイプ」と「過敏で傷つきやすいタイプ」に分け，よりくわしく紹介している。最後に，第3節では，青少年に見られる心の病理のなかから，抑うつ，スチューデント・アパシー，不登校による引きこもり，対人恐怖を取り上げ，これらの病理が自己愛の障害とどのように関連しているのかについて論じている。

　第3章では，自己愛の障害をもつ青少年への対応の原則と対応の実際を紹介し

ている。第1節では，尊大で自己顕示的なタイプと過敏で傷つきやすいタイプごとに対応の原則を提示している。そして，第2節では，3つの異なる場面における事例を取り上げ，対応の実際をくわしく記述している。

これまで自己愛の障害の研究が主として精神分析的視点から行われてきたため，本書で示した対応も精神分析的視点の影響を強く受けてはいるが，それだけにとどまるものではない。とくに尊大で自己顕示的なタイプへの対応においては，ジョイニングやリフレーミングなどの逆説的な対応も紹介されている。そして，本書に紹介された対応においては，全体として，ネガティブな部分を修正するというよりも，ポジティブな部分を成長・発展させ，認知や行動のレパートリーを増やすという発達的視点が強調されている。これは，本書を含むこのシリーズ全体の精神とも合致するものである。

旧来の精神分析的アプローチにこだわる人は，本書に紹介されているような対応に不満を覚えるかもしれない。しかし，臨床の場や対象とする相手の発達段階を考慮すると，純粋型に固執することがつねに有益であるとは限らない。心理臨床の場も多様となり，厳格な構造がつねに保てるわけではない。また，有効性の点でも，理論的仮説を色濃く反映した解釈や深層の動機の分析がつねに優れているとは限らず，それよりも，援助専門家や他の人との関係のなかで起きている体験を意識可能なレベルで取り扱うアプローチのほうが有効な場合も多いと思われる。

最後に，本文中では取り上げられないテーマをコラムの形で挿入したことにも触れておきたい。いずれのコラムにおいても，その問題に関する主要な文献に基づいて示唆に富んだ指摘がなされている。読者の関心に応じて目を通していただければさいわいである。

最後に，なかなか予定通りに進まない原稿の集まりや編集を忍耐強く待ってくださり，本書の刊行に尽力してくださった北大路書房編集部の皆さま，なかでも薄木敏之氏には心より感謝申し上げるしだいである。

2004年8月

編者代表　上地雄一郎

目次

はじめに

第1章　自己愛の障害とその形成過程　　1

第1節　自己愛の概念と定義 …………………………………………… 2
1. はじめに　2
2. 自己愛という言葉の起源と歴史　3
3. 自己愛の定義　6

第2節　自己愛の発達的変化 …………………………………………… 10
1. フロイト理論における自己愛の発達　10
2. コフート理論における自己愛の発達　11
3. 青年期と自己愛　14

第3節　自己愛の障害の形成過程 ……………………………………… 21
1. 自己愛の障害とは何か　21
2. 自己愛の障害はなぜ生じるのか　26

第2章　自己愛の障害をもつ青少年の実態　　39

第1節　自己愛の障害のタイプとレベル ……………………………… 40
1. タイプの違いとして見る　40
2. レベルの違いとして見る　42
3. まとめ　46

第2節　自己愛の障害の状態像 ………………………………………… 49
1. 尊大で自己顕示的なタイプの状態像　49
2. 過敏で傷つきやすいタイプの状態像　55

第3節　さまざまな心の病理と自己愛の障害 ………………………… 62
1. 抑うつ・悲哀と自己愛の障害　62
2. アパシー・無気力と自己愛の障害　68
3. 不登校によるひきこもりと自己愛の障害　74
4. 対人恐怖と自己愛の障害　81

Contents

第3章 自己愛の障害をもつ青少年への対応　91

第1節 対応する際の原則 …………………………………………… 92
1 尊大で自己顕示的なタイプ　92
2 過敏で傷つきやすいタイプ　99
3 対応の不十分さや失敗について　105

第2節 対応の実際 ………………………………………………… 109
1 スクールカウンセリングでの事例　109
2 外来カウンセリングでの事例　115
3 校内相談室のグループでの事例　121

付章 自己愛の障害をもつ青少年を理解するための 文献・資料集　129

引用文献　133
人名索引　141
事項索引　143

コラム

①ナルキッソスの神話　9
②自己愛を測定する尺度①－NPI－　19
③自己愛を測定する尺度②－過敏性・脆弱性の尺度－　20
④文学者と自己愛－太宰治と三島由紀夫－　34
⑤政治家と自己愛－ヒトラーとチャーチル－　36
⑥映画を通してみる青年期の自己愛の病理①　47
⑦映画を通してみる青年期の自己愛の病理②　48
⑧カルト信仰と自己愛　88
⑨ストーカー事件と自己愛　89
⑩犯罪と自己愛の障害　90
⑪「鏡」としての援助者　128

第1章
自己愛の障害とその形成過程

第1節

自己愛の概念と定義

 はじめに

　自己愛（ナルシシズム）とその障害について考えることは，青少年の心理や行動を理解するための重要な視点を与えてくれる。なぜなら青少年の心理や行動には，自己の存在価値を確認したいという欲求やそれを傷つけられたことによる怒りに基づくものが数多くみられるからである。

　これまで自己愛（ナルシシズム）という言葉になじみの薄かった読者もいるであろう。しかし，そういう人でもナルシストという言葉はどこかで耳にしたことがあるはずである。ナルシストという言葉からまず思い浮かぶのは，鏡に映る自分の姿に陶酔している人の姿であろう。一般的にナルシストというと，自己に関心が集中している，自己を過大評価している，自己顕示が激しい，常に自己への賞賛を求めるというようなイメージでとらえられている。精神医学の世界的な診断基準であるDSM-Ⅳには自己愛性人格障害という診断カテゴリーがあり，上記のようなナルシストのイメージはこの自己愛性人格障害の臨床像と重なる部分がある。自己愛性人格障害というのは人格障害の一種であり，自己愛の病理が典型的な形で現れるものである。

　ところで自己愛性人格障害に関する最近の議論においては，このような誇大的・自己顕示的なタイプだけでなく，周囲の反応を過剰に気にし，注目を浴びることを嫌がるようなタイプもあることが指摘されている。ナルシストの一般的イメージになじんでいると，後者のようなタイプがナルシストであるという

のは意外に思えるかもしれない。しかし，一見すると正反対に思えるこの2つのタイプに共通した問題が存在するのである。さらに付け加えていうなら，自己愛の障害がみられるのは，自己愛性人格障害だけではない。他の人格障害においても，また人格障害よりは軽い水準の人においても，程度の差はあるが自己愛の障害はみられるのである。本書では，このような幅広い自己愛の障害を理解するための基礎的な知識や視点を提供したいと思う。自己愛の障害の具体的臨床像については，本章第3節や第2章で解説される。

それでは，なぜ自己愛の障害について理解することが有益なのであろうか。自己愛の障害の次元は青少年の発言や行動の表面を見ただけでは明らかにならないこともあるが，その次元に気づくことにより，青少年の心理や行動がより理解しやすくなる。また，自己愛の障害に注目するということは，その障害の発生に寄与した親などの重要な他者との関係に目を向けることでもある。それだけでなく，自己愛の障害を抱える青少年とかかわる専門家は，彼ら・彼女らの対人パターンの影響を受けざるをえないし，その障害から回復するための歩みに同伴することになる。専門家が自分に期待されている役割を理解するためにも，自己愛とその障害についての知識が役立つであろう。

2 自己愛という言葉の起源と歴史

次に，自己愛という言葉の起源と歴史について述べよう。本書では自己愛という言葉をナルシシズム（narcissism）の訳語と考え，両者を同義に用いている。自己愛（ナルシシズム）という言葉の起源は，ギリシャ神話"ナルキッソス"の物語である（コラム①参照）。イギリスの性心理学者エリス（Ellis, H.）が1898年に自己の身体を対象とする性倒錯について論じた際にナルキッソスの物語を引用したことが発端となり，ネッケ（Näcke, P.）がナルシシズム（原語はナルチスムス narzißmus）という言葉をつくったのである。そのため，当時この言葉は自己の身体を性欲の対象とする性倒錯を意味していた。しかし，フロイト（Freud, S.）がこの用語を精神分析の中に取り入れて以来，より広範囲の心理状態を表す言葉として用いられるようになった。

自己愛に関するフロイトの理論の中では一次的自己愛（primary narcissism）

と二次的自己愛（secondary narcissism）の区別が有名である。フロイトによると，一次的自己愛の状態では外界の対象は認識されておらず，リビドーと呼ばれる心的エネルギーは自我のみに向けられている。やがて，外界の対象が認識されるにつれてリビドーは対象に向けられるようになり，対象愛の段階が到来する。しかし，対象愛の段階に達した後でも，不安や葛藤が原因でリビドーが対象から撤収され，再び自我のみに向けられることがある。これが二次的自己愛の状態であり，フロイトは統合失調症（精神分裂病）などを二次的自己愛との関連で理解しようとした。超自我の一部となる自我理想という理想像も，一次的自己愛と関連づけられた。一次的自己愛の状態は万能感に満ちた至福状態と考えられるので，それを回復したいという願望が持続し，それが他者に向けられると理想化が生じる。そして，理想化から徐々に脱却することにより，理想化された他者のイメージから自我理想が形成されるというのである。また，フロイトの理論では，自我に向けられる自我リビドーと対象に向けられる対象リビドーの総和は一定であり，一方が余分に使われれば他方が減少するかのように考えられていた。つまり，自己愛と対象愛は対立するものであり，自己愛を克服することにより対象愛が可能になると考えられていたのである。

　しかし，一次的自己愛という考え方は，精神分析のなかの対象関係学派から批判を受けた。クライン（Klein,M.），フェアバーン（Fairbairn,W.R.D.），バリント（Balint,M.）などは，乳幼児期の早期から対象とのかかわりが存在することを認識していた。また，自己愛と対象愛を対立するものとみなす考え方を疑問視する精神分析家も現れた。その代表的な人がコフート（Kohut,H.）である。小松（1999）に基づいてコフートの自己愛に関する考え方を整理すると，以下のようになるであろう。

　①自己愛は，対象愛に取って代わられるべき発達の中間段階ではない。自己愛と対象愛は，それぞれ独自の発達を遂げる。
　②自己愛は，対象関係が欠如していることを意味するのではない。自己愛的な性質をもった対象関係が存在する。
　③自己愛は，それ自体が病理的で不適応というわけではない。自己愛は，未熟なものから成熟したものまで，病的なものから健康で適応的なものまで，さまざまな形態をとりうる。

④自己愛は，重要な他者との特別な性質の関係（自己対象との関係）を通して成熟する。

　コフート（Kohut, 1971）は，幼児期の自己愛が「誇大自己」（grandiose self）と「理想化された親イマーゴ（親像）」（idealized parent imago）という2つの形態をとると主張した。誇大自己というのは，自分のすばらしさを確認・賞賛してもらおうとする傾向を意味する。コフートによれば，誇大自己に対して十分な承認・賞賛を与えられながら，自己の限界も知らされるなら，誇大自己は成熟し，現実的な自己評価や野心（力と成功を勝ち取ろうとする努力）に変容する。また，親を完全なもののように理想化したあとに理想化から脱却するとき，理想化された親イマーゴ（親像）から理想や価値が形成される。このようにして形成される野心や理想が人を内側から支えるので，人は他者の助けがなくても自己評価や心理的安定を保つことができるようになる。なお，理想化についてのコフートの考え方には，古典的な精神分析の影響も感じられる。

　コフートと論争を繰り広げたカーンバーグ（Kernberg, 1975）も，自己愛と対象愛が同時に発生し，並行して発展すると考える点で，古典的精神分析とは立場を異にしている。ただ，コフートが病理的な自己愛と健康な自己愛を連続したものと考えるのに対して，カーンバーグは両者を質的に異なるものと考えている。カーンバーグによると，統合された自己にリビドーが付与される状態が正常な自己愛であるが，自己愛性人格障害では統合された自己ではなく，誇大自己という病理的自己が形成されている。コフートのいう誇大自己とカーンバーグのいう誇大自己は同一のものではないので注意が必要である。誇大自己に関するコフートやカーンバーグの理論については，本章第3節で解説する。

　さて，さきに自己愛性人格障害には誇大的・自己顕示的なタイプと周囲の反応を過剰に気にするタイプがあることを紹介した。そして，一見すると正反対に見えるこの2つのタイプに共通する問題があることを示唆した。この点を詳しく述べておこう。まず，誇大的・自己顕示的なタイプの人は，他者からの賞賛を求めるので，他者に依存しているように見える。しかし，よく観察すると，これが本来の意味での依存とは性格の異なるものであることがわかる。私たちが他者に何らかの肯定的反応を期待して自分のことを打ち明ける場面を想定してみよう。打ち明ける内容がプライベートな問題であり，それに対する相手の

反応や評価が気になるほど,ためらいや恥ずかしさが伴うものである。それは,私たちが不完全で弱い自分を相手に見せているからである。そして,もし相手から肯定的反応が返ってこない場合には,恥ずかしさやみじめな気持ちがさらに強く体験される。じつは,誇大的・顕示的な人が嫌うのは,このように他者への依存を必要とする不完全で弱い自分を見せることであり,それに伴う恥の体験である。誇大的・顕示的な人にとって,他者がどう反応しようが自分は特別で最高なのであり,それを確認する役割を他者に強要しているだけである。誇大的・顕示的な人が他者に奉仕することや他者に何かを請うことを嫌がるのも,同じ文脈で理解することができる。周囲の反応を過剰に気にかけるタイプの人たちについても,似たようなことがいえる。この人たちにも,心の底には自己を顕示したい欲求が潜んでおり,また周囲に特別な配慮を期待するという形の特権意識をもっているといわれる(Gabbard, 1997)。しかし,この人たちは他者の反応や評価を過剰に気にかけ,他者にあわせて行動しており,本当の自分を見せながら他者とかかわっているのではないのである。

岡野(1998)によれば,人間には「自分の存在を認めてほしい,自分が大事にされたい,あるいは自分を価値あるものと思いたい」という基本的欲求がある。そして,コフートがいうように,自分を価値あるものとして体験するためにはそれを確認してくれる他者の反応が必要である。そのような体験が蓄積されるうちに,私たちは他者の助けがなくても自分を価値あるものと認めることができるようになる。しかし,私たちが完全に他者の反応や評価に依存しなくなることは不可能である。自己愛性人格障害の人たちは,このような人間本来の欲求を他者との関係において自然な形で満たすことができず,歪んだ不自然な方法で自己の存在価値を確認しているのだと考えられる。

3 自己愛の定義

ここで自己愛の定義に話を戻すと,自己愛性人格障害などにみられる歪んだ自己確認・自己尊重を自己愛と呼ぶのか,自己を価値あるものと思いたいという自然な欲求も含めて自己愛と呼ぶのかということが問題になる。自己愛性人格障害などにみられる歪んだ自己確認・自己尊重だけを自己愛と呼ぶなら,自

己愛という言葉の意味する内容は単一で明確なものになる。ただ，自己愛は健康な人には存在しないことになり，自己を価値あるものと思いたいという欲求に対しては別の名称を与えなければならない。一方，そのような自然な欲求も含めて自己愛と呼ぶなら，自己愛は健康な人にも存在することになる。しかし，今度は健康な自己愛と病理的な自己愛を区別して論じる必要が生じ，自己愛という用語の定義は単純ではなくなる。この２つの立場には一長一短があるけれども，本書では後者の立場をとることにしたい。そして，おおざっぱな定義ではあるが，自己を価値あるものとして体験しようとする心の働きを自己愛と呼ぶことにする。そうすると，正常または自然な自己愛のあり方は次のようなものであると考えられる。つまり，自己を価値あるものと体験するためにはそれを認めてくれる他者が必要なことを自覚しており，多少の不安や恥を感じながら自己の価値を他者に認めてもらおうとするようなあり方である。一方，病理的な自己愛とは，自然な自己愛を抑圧または否認し，それに代わる不自然な自己確認・自己尊重に依存しているようなあり方である。そして，自然な自己愛の充足が妨げられたことにより人格に生じた歪み，逸脱，脆弱性などの総称として，自己愛の障害という言葉を用いることにしたい。

このような自己愛の定義は，健康な自己愛と病理的自己愛を連続したものとしてとらえるコフートの立場に近い。また，これは，ストロロウ（Stolorow, 1975）による機能的定義，つまり自己愛とは「自己像がまとまりと安定性を保ち，肯定的情緒で彩られるように維持する機能」であるという定義とも矛盾しないであろう。

ところで，コフートの自己心理学においては，もはや上に述べたような欲求を自己愛とは呼ばず，自己対象欲求（selfobject need）と呼ぶことを付記しておかなければならない。自己心理学の考え方によると，自己への承認・賞賛を求める欲求や理想化された他者と一体化したい欲求は，未熟なものから成熟したものへという発達的変容はあるものの，生涯持続するものである。自己愛という言葉にはどうしても否定的ニュアンスが伴うことから，このような欲求を自己愛と呼ぶのは適切ではない。そして，これらの欲求に応じてくれる他者は私たちの自己がまとまりと活力を保ちながら存在するために不可欠であり，私たちの自己と切り離して考えることはできない。そのため，このような他者（厳

密にはそのような他者を体験すること)を自己対象(selfobject)と呼び,自己対象を求める欲求を自己対象欲求と呼ぶのである。しかし,本書は自己心理学だけに基づくものではないし,用語のわかりやすさを考慮して自己愛という言葉を残しておくことにする。

　なお,本書の記述のなかには自己愛の障害をもつ人を蔑視しているように受け取れる点があるかもしれない。しかし,自己愛の障害を本当に深く理解するためには,その人自身が自分の自己愛の問題と向き合うことが必要である。先に引用したコフートも,彼の論文である『Z氏についての2つの分析』が彼自身を素材にしたものではないかといわれているように (Cocks, 1994),自分の自己愛的問題と向き合いながら研究を進めていたことがうかがわれる。本書でも,このような視点を忘れているわけではないことをお断りしておきたい。

ナルキッソスの神話

　自己愛（ナルシシズム）という言葉は，ギリシアのナルキッソス（Narkissos）についての神話から生まれている。16歳の美少年ナルキッソスは，狩りの途中で泉の水面に映る自分の姿を見たとたんに，恋におちてしまった。彼は自分の姿と知りながらもすっかり心を奪われてしまい，口づけしたり抱きしめたりしようとしたが，かなわなかった。それでもナルキッソスは，あきらめきれなかった。そうして，いつまでも泉のそばを離れることができないでいるうちに，やせ衰えて，死んで消えてしまった。そのあとから水仙の花がひっそりと咲き出てきたという。この話は有名であるが，彼がこのような悲劇に陥った事情にはいくつかの説があるということは，あまり知られていない。

　詩人，オヴィディウスの話では，次のようないきさつが語られている。ナルキッソスの生まれた時に，両親が予言者テイレシアースを訪れたところ，ナルキッソスは自己を知らなければ長生きするだろうと言われた。ナルキッソスは美しく成長して，乙女やニンフたちに言い寄られた。ニンフのエーコー（こだま）はナルキッソスに近づこうと努力したが，彼はまったく相手にしなかった。エーコーはそれを苦にするあまり，美しい体を失ってこだまをくり返すことしかできなくなった。このように彼に拒まれ落胆したニンフたちが天に祈ったところ，復讐の女神ネメシスが聴き入れて，ナルキッソスは自分の姿に恋するあまり死ぬということになった。予言が的中したのである。ニンフたちは彼の死体を火葬しようとしたが見つからなかったので，そこに咲いていた水仙に彼の名をつけたという（Bulfinch, 1855；高津, 1960）。

　また，ナルキッソスの故郷であるボイオーティア地方には，同性愛の物語が伝わっている。ナルキッソスに言い寄る人たちのなかにアメイニアースという男性がいた。ナルキッソスは彼を拒んだばかりか，刀を贈った。このことにアメイニアースは傷つき，ナルキッソスの家の前で自殺した。彼の呪いのために，ナルキッソスは水面に映る自分に恋し，自殺してしまった（高津, 1960）。

　この2つの物語は，ナルキッソス自身の自己愛というだけでなく，恋する者たちの"自己愛的な"復讐の物語でもあるように思える。彼に受け入れられないことで，自己愛が傷つき，怒りがわき起こり，「私を愛してくれないならば，他の誰をも愛することは許さない」という呪いをかけたということではないだろうか。

　泉のそばにひっそりと水仙が咲いているという美しく悲しい情景は，怒りのあまり愛しい人を殺してしまった者たちの，せつない想いを表しているようにも思える。

第2節 自己愛の発達的変化

　この節では，幼児期から青年期までの自己愛の発達的変化について述べる。まず，フロイトとコフートの理論に沿って自己愛の発達の概要を示した上で，筆者が行った実証的研究を基にして青年期の自己愛のあり方について検討したいと思う。

 フロイト理論における自己愛の発達

　フロイト（Freud, 1914）は，自己愛を「自我へのリビドーの備給」と定義した。リビドーとは心的エネルギーのことであり，そのエネルギーが自分以外の対象ではなく自分自身に向けられることを，自己愛と定義したのである。

　フロイトは，自己愛を「エネルギー経済論」という考え方に基づいてとらえている。エネルギー経済論とは，リビドーにはエネルギー保存の法則が成り立つという考え方である。この考え方に従えば，自我にリビドーが向かう自己愛の状態にある時，その分だけ対象に向かうリビドーが減少した状態にある。したがってフロイトの考え方によれば，自己愛と対象関係とは両立し得ないことになる。

　発達的には，フロイトは，自己愛を自体愛から対象関係に至る中間段階として位置づけた。自体愛とは，乳児が自分の親指をしゃぶることや性器いじりをするように，自分自身の体の部分のみが満足の源泉となることであり，これは生まれた時から存在するものとされる。そして，原初的な自我が成立し，自我

がリビドーの向かう対象となった時に,はじめて自己愛が成立すると考えた。さらにその後,最終的には自分以外の他者にリビドーが向かい,見返りなしに相手を愛することができる対象愛に変化していくというのが,フロイトの基本的な発達モデルである。

　また,新生児の初期状態でもみられるような,外界との関係がまだ成立していない自我とエスの未分化な原初的状態は対象関係が生ずる以前の状態であり,フロイトはこれを対象のない「一次的自己愛」の状態と定義した。そして,対象関係が成立した後における外界の対象からのリビドーの撤収を退行現象とみなして「二次的自己愛」と呼んだ。発達の最も初期の段階は外界と一体になっている無制限の自己愛に満ちた状態であり,また成人の自我においても,こうした自我と外界の境界があいまいになってしまうような自己愛的状態に陥ることがあると,フロイトは考えたのである。

2　コフート理論における自己愛の発達

　コフート (Kohut, 1971, 1977, 1984) は,フロイトが述べるような,自体愛から自己愛を経て対象愛へという発達ラインではなく,自己愛には独自の発達ラインがあると考えた。またフロイトとは異なり,自己愛と対象関係が相反するものではなく両立しうるものであり,自己の発達には対象関係が不可欠だととらえている。

　コフートの発達理論は,自己愛のみならず自己そのものの発達を想定するものである (図1-1)。フロイトの発達理論がエネルギーのやりとりをイメージさせるものであるのに対し,コフートの発達理論は,時間的には宇宙でちりが集まって星が形成されていくプロセスをイメージさせ,機能的にはプラスとマイナスの電極の間に流れる電流をイメージさせるものである。

■1 ── 断片自己期

　人間の自己は生まれながらに存在するものではない。しかし親は,生まれる前の胎児であっても,その胎児が1人の人格をもったものとして見ている。このように親が子どもに対してもつイメージを仮想自己 (virtual self) という。

第1章 ■ 自己愛の障害とその形成過程

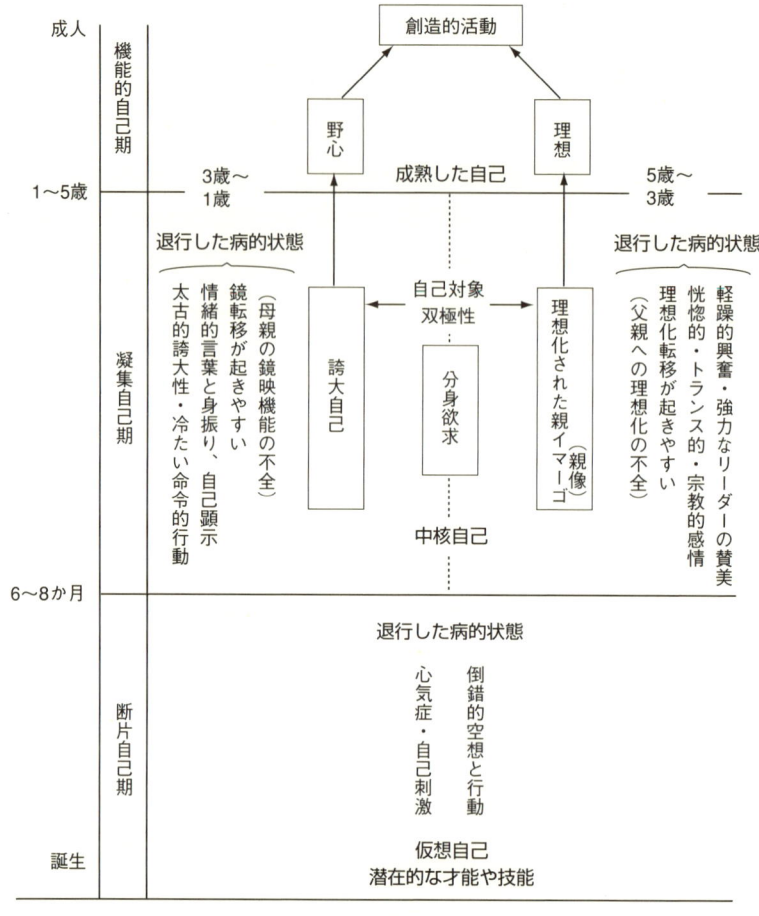

図1-1 コフートによる自己の発達と障害（中西，1985，1987を改変）

また6〜8か月までの乳児はまとまった自己をもっておらず，1つひとつがバラバラで断片的な自己の状態にあり，この時期を断片自己期と呼ぶ。この時期に親が子どもに仮想自己があるかのように反応することによって，断片的な自己がまとまりを形成し，自己がしだいに凝集していく。

2 ── 凝集自己期

　断片自己期に続く凝集自己期には，親とかかわるなかで，バラバラであった自己がしだいに凝集していき，中核自己（nuclear self）と呼ばれる中心的な構造が形成されていく。そして，この時期の幼児の自己に，2つの自己愛的構造が形成される。1つは誇大自己と呼ばれるものであり，自分は完全なのだ，偉いのだ，賢いのだと感じたい，またそうなりたいという欲求を意味する。もう1つは理想化された親イマーゴ（親像）であり，これは理想化した親のイメージを心の中にもつことであり，万能な親の一部である自分を幸せに思うことである。

　この2つの自己愛的構造は，世話をしてくれる人物，特に親とのやり取りの中で発達・変容していく。

　幼児期において，誇大自己は自慢や誇りといった自己顕示的な態度となって表れるが，そこで親にほめられたり認められたりすることによって，自己の凝集性が高められる。子どもの側からすると，親は自分の価値を映し出す鏡のような役割をもつ。すると親にもっと受け入れてほしいという欲求から主張性が発達し，その一方で自己の限界を知らされていく経験も積むことによって，3歳ころまでに誇大自己は健全な野心へと変容する。

　一方で，理想化された親イマーゴ（親像）にみられるような，親の完全性と融合したいという欲求が満たされていくことによって，自己の凝集性が高まっていく。これは，子どもが成長するにつれて，理想化された人物である親を讃美することにつながる。そしてしだいに親が万能であるというイメージが薄れていくにつれ，理想的な親のイメージが消え去るのではなく自己の中に取り込まれ，5歳ごろまでに健全な理想へと変容する。

　また，この時期には，親などの重要な他者と同じでありたいという欲求である分身欲求（双子欲求）が生じる。そうすると，たとえば親と本質的に同じでありたいと願うことは，子どもの技能を高め，子どもの才能を開発するのによい道具となる（中西，1991）。

　上記のようにして形成される野心と理想を2つの極とする自己のあり方を，双極性自己（bipolar self）という。双極性自己の発達において重要なのは，子どもが最適の欲求不満を体験することである。これは，育児において避けるこ

とのできない失望を意味する。育児において不可避である満足遅延や母親の不在などは，それほど外傷的でもなく，長期に長引かせるものではないので，最適の欲求不満なのである（中西, 1991）。このように，親が子どもの欲求や期待に対して発達段階にふさわしい程度の不満を与えることによって，自己と他者との現実的な知覚が促進されていくのである。

3 ── 機能的自己期

誇大自己が野心に，理想化された親イマーゴ（親像）が理想に成長し，この2つの極の間に張られた緊張弧（tension arc）によって自己の凝集性が維持されるようになる。ただし機能的自己期においても，個人の発達を通して，自己はその完全性を保持するための燃料を与えてくれる対象（自己対象）を必要とする。また，野心と理想の2つの極が多少なりとも傷ついたり，うまく機能しなかったりする時には，周囲の人間との関係の中で充電される必要もある（和田, 1999）。

このように，周囲の人々との関係によって野心と理想に燃料を与えられ続けながら，この2つの極は人間の創造的活動を喚起させていくのである。

4 ── 自己の発達と病理

図1-1に示されているように，コフートは自己愛の障害を発達的な停滞や退行であるととらえている。特に中核自己が形成される時期において，子どもの誇大自己を映し出す母親の反応が不十分な時や，父親が理想化できない存在として受け取られると，自己愛性人格障害に陥ると考えられている（中西・佐方, 1986）。

3 青年期と自己愛

1 ── 再び自己愛的になる時期

青年期は，多かれ少なかれ自己愛的な特徴がみられる時期である。しかし自己愛的な特徴は青年期によくみられるが，青年期の自己愛的な特徴は必ずしも自己愛性人格障害に移行することを意味するわけではない（American

Psychiatric Association, 1994)。

　青年期には自意識が強まり，自分が他者の目にどのように映っているか，他者が自分のことをどのように思っているかを気にするようになる。ここで他者の目に映ってほしいのは，優れた，有能な自分自身の姿である。このように青年期の自意識の強まりというのは，自己愛的な願望の表れととらえることもできる。

　また青年期はブロス（Blos, 1962）が「第二の個体化の時期」と呼ぶように，父母からの精神的離脱と個の自立が基本的な課題となる。父母からの精神的離脱が課題となる青年にとって重要な「他者」とは，周囲にいる友人や仲間，そして恋人であるといえるだろう。そのような他者に自分が優れていることを認められたい，注目されたいという欲求をもつことや，周囲に自分の有能さを認めさせようとふるまうことが，青年期の自己愛の特徴といえる。

❷ ── 満たされるとは限らない自己愛的な欲求

　実際に優れた業績を残す青年は周囲から高く評価されることによって，自己愛的な欲求が満たされる。しかし，すべての青年がそのような優れた業績を残すわけではない。たとえ自分の有能さを周囲の人々に認められたいという欲求をもったり，自分の有能さを認めさせようとふるまったりしても，必ずしもそのような欲求が満たされるとは限らない。

　自分は優れていると思っていても周囲がその自己愛的な欲求を満たしてくれない時，青年は現状に満足できず，「自分をもっと評価してくれる場所があるはずだ」「もっと認めてくれる人がいるはずだ」と居場所を次々に変えてさまよい歩いたり，「自分を認めてくれない周囲が悪いのだ」と現在の生活に不満を抱き続け，周囲の人々とトラブルを起こしたりする。

❸ ── 青年の自己愛をとらえる枠組み

　小塩（2002, 2004）は一般青年を対象とした研究を行う中で，青年期の自己愛を2つの軸でとらえる，自己愛傾向の2成分モデルを提唱した。このモデルは臨床場面における自己愛性人格障害の多様性を背景としたものであり，2つの直線によって仕切られた4つのグループから青年期の自己愛の構造をとらえ

第1章■自己愛の障害とその形成過程

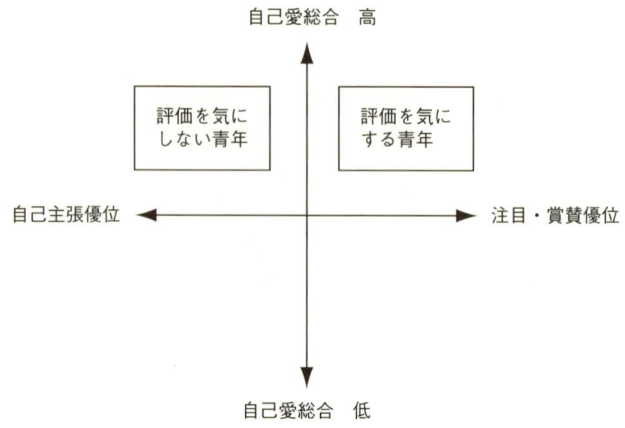

図1-2　自己愛傾向の2成分モデル（小塩，2004を改変）

ようとするものである（図1-2）。まず，自己愛的な傾向を測定するために開発された尺度である自己愛人格目録短縮版を統計処理にかけ要約することにより，「自己愛総合」と「注目－主張」という2つの数値が各個人ごとに算出される。そして，ここで算出された「自己愛総合」と「注目－主張」の得点の高さによって，それぞれの青年がどのグループに所属するかが決められる。「自己愛総合」というのは，これらの下位尺度に共通する成分を集約した得点のことであり，「注目－主張」というのは注目・賞賛欲求と自己主張性のどちらが高いかということである。「自己愛総合」の軸は自己の誇大感を意味し，自己に対する肯定的な評価や，他者よりも優れているという感覚を意味する。また「注目－主張」の軸は，他者から注目を浴びたい，賞賛されたいという欲求的側面が顕著であるか，自分の有能さを積極的に他者に主張していく行動的側面が顕著であるかを意味する。「注目－主張」の軸は，縦軸が意味する自己に対する感覚を周囲との関係の中でどのように形成・維持しているかを表現するものであると考えられる。

では，次に，このモデルから描かれる自己愛的な青年像と，青年期における自己愛の発達プロセスを考えてみたい。

(a) **自己愛的で注目・賞賛欲求が優位な青年の特徴**

　自己愛的で注目・賞賛欲求が優位な青年は，自分が有能であるという感覚が強く，常に他者から評価してほしい，理解してほしいという欲求を強くもっている。その一方で，現実の対人場面で自分の有能さをアピールする自己主張的な行動をあまり示さないので，常に他者からの肯定的な評価を待ち続ける状態にあると考えられる。その背景には，彼らがもつ自己肯定感が他者からの否定的な評価によって崩れやすい，もろいものであるという特徴がある。そのため常に他者からの評価を気にし，他者からどのように思われているかという点に注意が向けられている。この傾向が過剰になれば，常に相手のことを気にして距離をおくようになり，注目や賞賛を得たいにもかかわらずそのような対人関係を構築することが困難な状態にもなりうると考えられる。

(b) **自己愛的で自己主張が優位な青年の特徴**

　自己愛的で自己主張が優位な青年は，自分が有能であるという感覚が強く，自分の優れた意見や考えを他者に主張することで自己肯定感を維持しようと努めている。その一方で他者から注目や賞賛を得たいという欲求はあまりなく，他者が自分のことをどのように評価しているかということにはあまり関心がないと考えられる。彼らは他者からの否定的な評価によって脅かされない，安定した自己肯定感をもつため，対人関係においては他者からの評価を気にせず，積極的に自分の意見を主張することができる。しかし他者の意見を気にしないという態度は時として，自己中心的で独善的な態度ともなりうる。そのような態度が顕著となれば，周囲から「わがままな人物」と評価されるようになるだろう。さらにそのような評価をも気にしない態度をとり続けるのであれば，周囲から孤立することにもつながると考えられる。

(c) **青年期の自己愛の望ましい姿とは**

　このような青年期の2種類の自己愛は，一方が他方よりも望ましいというものではないだろう。適度に他者からの注目や賞賛を求めることは，他者から認められるような行動を起こすための原動力となるものであると考えられるし，適度に自己主張的であることは，相手の評価を気にすることなく自らの意見を自由に表現することにつながると考えられるからである。したがって，ある程度他者からの注目や賞賛を求め，ある程度自己主張的であることが，最も望ま

しい姿であると考えられるのである。

　また，図1-2において「自己愛総合」が全体的に低いことは，自分自身に対する有能感や自己肯定的な感覚が維持できていない状態であることを意味する。実際に，小塩（2002）の研究では，図1-2の4つのグループの中で最も対人恐怖的な傾向が強くなるのは，「自己愛総合」が低く「注目・賞賛欲求」が高い青年であった。

　すなわち，「注目・賞賛欲求」と「自己主張性」のバランスを保つことにより，適度に他者の意見に耳を傾け，適度に自分の意見を主張するという態度をとりつつ，ある程度の有能感や自己肯定的な感覚を維持することが，望ましい姿であると考えられるのである。そしてそのようなバランスを維持するには，青年の周囲にいる他者の存在が不可欠である。時に他者から賞賛され，時に他者から欠点を指摘されるような経験を積むなかで，それまでの自分のあり方を顧みることをくり返しながら，青年の自己は発達していくと考えられるのである。

Column ② 自己愛を測定する尺度① ― NPI ―

　自己愛に対する精神分析的理論や，社会的な関心の高まりとともに，自己愛を何らかの形で測定していこうとする研究も行われるようになってきた。1980年には，アメリカの「精神障害の診断と統計の手引き：第三版」(DSM-Ⅲ)において初めて自己愛性人格障害が取り上げられ，その記述的定義をもとに新たな尺度の作成が行われた。ラスキンとホール(Raskin & Hall,1979)は，健常人においてもこのような自己愛的傾向は少なからず認められると考え，健常人の自己愛的傾向を測定するための尺度を開発した。それが，自己愛人格目録(Narcissistic Personality Inventory：NPI)である。ラスキンとホールは，DSM-Ⅲに示された自己愛人格障害の特徴に基づき二者択一形式の項目群を作成し，大学生に実施後，項目分析を経て最終的に自己愛と非自己愛を示す各40項目からなるFormA，FormBの2つに分割した。項目例としては，
　①私は注目の的でありたいと思う。
　②注目の的になることは私にとって心地よいことではない。
などである。この場合，①を選択したときに，自己愛的と判定される。
　その後，さまざまな観点からNPIの信頼性や妥当性が確認されている(Raskin & Hall,1981；Emmons,1984など)。また，エモンズ(Emmons, 1984)によると，NPIは「搾取・権威づけ」「指導力・権威」「優越・傲慢」「自己陶酔・自己賛美」という4因子から構成されている。このようにNPIでは，主に誇大性，自己顕示性，自己陶酔などが測定される。
　日本においても，このNPIの原版とは形式や内容が少し異なった日本語版がいくつか作成されている。宮下・上地(1985)，佐方(1986)，大石ら(1987)，小塩(1998)のNPIが主なものである。宮下・上地のNPIは，原版の二者択一方式を7段階評定に変え，35項目から構成されている。佐方のNPIは，42項目で構成されており，3因子(「優越性, 指導性, 対人影響力」「自己顕示・自己耽溺」「自己有能性・自信」)から成り立っている。大石らのNPIは，二者択一方式の54項目で構成されている。小塩(1998a,b)は，大石らのNPIから「優越感・有能感」「注目・賞賛欲求」「自己主張性」という3因子を抽出し，項目数を減らしてNPI短縮版(5段階評定,30項目)を作成している。
　健常人の性格特性としての自己愛の測定を可能にしたNPIは，自己愛の実証的研究において数多く使用されている。これまでにも，主にNPIの信頼性や妥当性，自己愛的傾向の特徴や対人関係との関連などの研究が行なわれてきている。現在では，NPIは自己愛の研究において欠くことのできない，1つの重要な測定尺度となっている。

Column ③

自己愛を測定する尺度② ―過敏性・脆弱性の尺度―

　ラスキンとホール（Raskin & Hall, 1979）の自己愛人格目録（NPI）では，主に自己愛の障害の誇大性，自己顕示性，自己耽溺などが測定される。その一方で，コフート（Kohut,1971）のいう自己愛性人格にみられるように，過敏性，抑うつ，自己のまとまりの脆弱性，傷つきやすさなどの特徴も重要な側面であると考えられる（上地・宮下,1992）。また，ギャバード（Gabbard,1989）は，精神分析理論や臨床経験から，自己愛性人格の2つの下位分類を提示した。その分類は，傲慢で周囲のことを気にかけない無自覚型（oblivious narcissist）と，周囲のことを過剰に気にし，過敏で傷つきやすく内気な過敏型（hypervigilant narcissist）である。前者はDSMの記述に一致するが，後者はそうではない。このような自己愛障害の過敏性や脆弱性にも触れた尺度としては，以下のようなものがあげられる。

　ラパンとパットン（Lapan & Patton,1986）は，コフートの自己愛理論をもとに病理的な特徴に基づいた自己愛傾向を測定するための尺度を作成した（二者択一方式）。因子分析の結果，「誇大感」に相当する「偽自律性」と「理想化」に相当する「仲間集団への依存」という因子が抽出され，妥当性と信頼性のある各8項目からなる下位尺度が構成された。第1尺度（偽自律性）は，「私はしたいことをする」，「自分の必要なものは自分で手に入れなければならない」などの項目から構成され，第2尺度（仲間集団への依存）は，「友達に冷たくされると，彼らの望むようになろうとする」，「仲の良い友達がいなくなると，本当にみじめな気持ちになる」などの項目から構成されている。このラパンとパットンの尺度に基づいて作成された日本語版としては，岡田（1999），葛西（1999）の尺度がある。

　ギャバードの類型に基づいて作成された尺度としては，高橋（1998）や相澤（2002）がある。高橋（1998）は，因子分析に基づいて，ギャバードのいう過敏型の自己愛傾向を測定する14項目と無自覚型の自己愛傾向を測定する11項目からなる尺度を作成し，信頼性・妥当性を確認している。相澤（2002）は，ギャバードの視点を取り入れて自己愛的傾向を測定する項目群を作成し，7因子を得ている。最近では，NPIで測定された自己愛傾向が高い者のうち，下位尺度の「注意・賞賛欲求」の得点が優位なものは，ギャバードの過敏型に相当すると考えられるという指摘もある（小塩,2002）。

　自己愛の障害のうち過敏性や脆弱性を取り上げて行なわれた実証的研究はまだ数が少なく，今後の研究の蓄積が望まれる。

第3節

自己愛の障害の形成過程

1 自己愛の障害とは何か

　自己愛の障害の本質について理解するためには，自己愛性人格障害の精神医学的基準を示したDSM-Ⅳ（1994）における記述とともに，自己愛性人格障害に関する理論の双璧をなすコフート（Kohut, 1971, 1977）とカーンバーグ（Kernberg, 1970, 1975）の理論をひもといていくことが，不可欠の作業となる。
　以下に，順次，これらを取り上げるが，まず，DSM-Ⅳ（1994）に基づく自己愛性人格障害の診断基準から検討することにしよう。

■1── DSM-Ⅳ（1994）に基づく自己愛の障害

　DSM-Ⅳ（1994）によれば，以下の①〜⑨のうち5項目以上が該当する場合，自己愛性人格障害と診断される。
　①自己の重要性に関する誇大な感覚（例：業績や才能を誇張する，十分な業績がないにもかかわらず優れていると認められることを期待する）。
　②限りない成功，権力，才気，美しさ，あるいは理想的な愛の空想にとらわれている。
　③自分が特別であり，独特であり，他の特別なまたは地位の高い人たちに（または施設で）しか理解されない，または関係があるべきだ，と信じている。
　④過剰な賞賛を求める。
　⑤特権意識つまり，特別有利な取り計らい，または自分の期待に自動的に従

うことを理由なく期待する。
⑥対人関係で相手を不当に利用する，つまり，自分自身の目的を達成するために他人を利用する。
⑦共感の欠如：他人の気持ちおよび欲求を認識しようとしない，またはそれに気づこうとしない。
⑧しばしば他人に嫉妬する，または他人が嫉妬していると思い込む。
⑨尊大で傲慢な行動，または態度。

このDSM-Ⅳ（1994）の内容については，記述精神医学的な基準であり自己愛の発達についての統合的な理論に基づくものではないこと，また，自己愛の障害のうち誇大性や自己陶酔，自己顕示，搾取性，尊大性などの側面が強調され過ぎていることなどの問題点もあるが，客観的な診断基準の提供という観点からすれば，非常に有意義なものといえる。

2 ── カーンバーグの考える自己愛の障害

次に，自己愛性人格障害に関する理論の双璧の一人であるカーンバーグの理論について検討することにする。

カーンバーグ（1970, 1975）は，自己愛性人格障害の主要な障害を「対象関係の障害と関連をもつ自己尊重の障害」としてとらえ，その主な特徴を以下のように記述した（上地・宮下，1992を参照）。

①自己概念が非常に肥大しているが，他者から愛され賞賛されたいという欲求も過剰である。劣等感を示す人においても，ときおり，自己が偉大で全能であるという感情や空想が現れる。
②情緒が分化しておらず失った対象への思慕や悲しみという感情に欠ける。他者に捨てられると落ち込むが，深く聞き取っていくと怒りや憎しみの感情が復讐願望を伴って現れる。
③他者の賞賛や承認を求めるにもかかわらず他者への興味や関心に乏しい。情緒的な深みに欠け，他者の複雑な感情を理解することができない。
④他者からの賞賛や誇大的空想以外に生活に楽しみを感じることが少ない。自己尊重を生み出すものがなくなると，落ち着かなくなり，退屈してしまう。

⑤自己愛的供給が期待できる人は理想化し，何も期待できない人は侮蔑(ぶべつ)的に扱う。他者が自分にないものをもっていたり人生を楽しんでいたりする場合，非常に強い羨望(せんぼう)をもつ。
⑥他者からの賞賛を求めるため他者に依存的であるとみられがちであるが，他者に対する深い不信と侮蔑が存在し，本質的にはだれにも依存できない。
⑦非常に原始的で脅威に満ちた対象関係が内在化されている。内在化された良い対象を支えにすることができない。
⑧分割，否認，投影性同一視，全能感，原始的理想化などの原始的防衛機制を示す。口唇的－攻撃的葛藤を示すところは境界性人格障害と同じであるが，社会的機能や衝動の統制が良く，疑似的昇華能力，すなわちある領域では能動的で一貫した仕事ができる能力がある。しかし，その仕事は深みに欠ける。
⑨不安な状況で自己統制ができるが，それは自己愛的空想の増大や孤高への逃避によって獲得される不安耐性である。

カーンバーグ（1975）の理論では，自己愛性人格構造（Narcissistic Personality Structure）という用語が用いられ，自己愛の障害と正常な自己愛とを明確に区別している。その点からすれば，重度の自己愛の障害は理解しやすいが，より軽度の障害を含めて自己愛の障害について統一的・連続的な理解を行うという点に関しては，やや不十分な面を内包している可能性も否めない。しかし，DSM-Ⅳ（1994）に比べれば，内面の心理力動にもより深く斬り込んでおり，自己愛の障害に関する鑑別診断という観点からすれば，非常に有益な理論と考えられる。

③── コフートの考える自己愛の障害

最後に，コフート（Kohut, 1971, 1977）の理論について検討することにしたい。

コフートの自己愛性人格障害に関する理論は，これらの人々とのかかわりにおける特徴的な「転移」の分析に基づいて展開されている。代表的な転移として「鏡転移」と「理想化転移」が指摘されているので，まず，これらについて簡単に説明しよう。

「鏡転移」とは，患者の中に，治療者に認められたい，尊敬されたいという

欲求が出現する現象である。このような転移が出現する背景には，当該の患者の乳幼児期における親の不適切・不十分な対応があると考えられている。つまり，乳幼児期の子どもは，自らの完全性や誇大性を認めてほしいと願い，それを承認するような親からの喜びに満ちた反応や応答を必要としている。そして，親からこのような応答が得られることにより，子どもは（無意識的に）自分の価値や能力等に関する確認の作業を進行させ，徐々に安定した自己を確立していくことが可能となる。このような経験を十分に得られなかったことが原因となって，治療関係の中で幼児期的な願望が再燃してきたものが，「鏡転移」と考えられている。

　また，「理想化転移」とは，患者のなかに，治療者を理想化し，治療者と一体化したいという欲求が出現する現象である。これは，親の不適切な対応などが原因で，乳幼児期における親の強さや冷静さ，安定性などを自分の中に取り込みたい，そのような親と一体化したいという欲求が，満たされることなくそのまま残存し，それが治療関係の中で再燃してきたものと考えられている。

　以上のような「転移」の理解を踏まえて，次に，コフートの自己愛の障害に関する具体的な内容について検討を行いたいと思う。

　コフートは，鏡転移において出現する「承認や尊敬」を求める自己の部分を「誇大自己」と命名した。コフートによれば，乳幼児が自分に対する承認や尊敬を求めるのはごく自然の現象であり，これに対する親の対応が不適切・不十分であったりすると，子どもの自己は損傷を受け，「自己愛的憤怒」が生じるとされる。そして，子どもは，自己を傷つけられる不安から，このような自己の承認や尊敬を求める欲求を意識から排除しようとする。これが，「水平分割」と呼ばれるものである（図1-3を参照）。自信に乏しく，傷つきやすい自己の基底には，このような水平分割によって分断された「誇大自己」と「自己愛的憤怒」が潜んでいると考えるのである。その一方で，親が子どもの特性や能力の一部を自己愛的に賞賛したために，その部分が誇大的に強調されるようになり，あからさまな言動として表出されることがある。これは「垂直分割」と呼ばれるが，当人は，自分の言動が誇大的であり，他人に不快感を与えるということには気づかない。コフートは，このように，自己愛の障害にはあからさまな誇大性がみられる事例と誇大性が目立たない事例があることを指摘している。

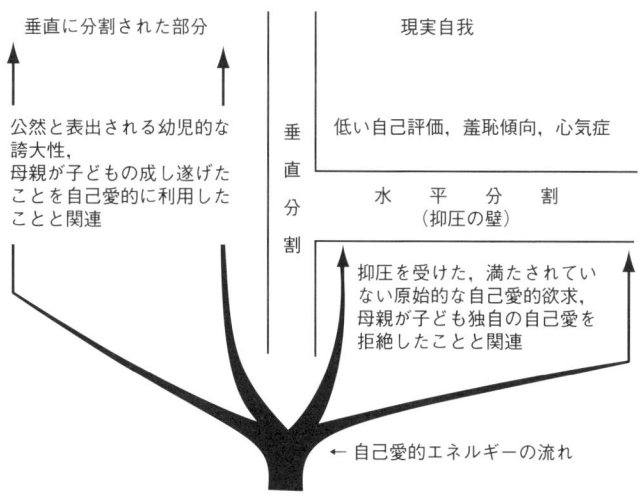

図1-3　垂直分割と水平分割（Kohut, 1971）

　また，コフートは，理想化転移において出現する「親と一体化したい」という願望が満たされずに残存した自己の部分を「理想化された親イマーゴ（親像）」と命名した。乳幼児が，理想化された親との融合経験を十分に得られなかったり親への急激な失望を体験したりすると，「理想化された親イマーゴ（親像）」が未成熟なまま残存してしまう。この理想化された親イマーゴ（親像）をもつ人は，これを現実の他の人物に投影し，その人物からの承認や尊敬を強く求めることになる。そして，このような外的な人物からの応答により，自己の心理的な安定や自己評価が左右されるという心理構造が生まれるのである。

　このように，コフートにとって自己愛の障害とは心的構造の欠損であり，自己の障害にほかならない。また，カーンバーグが自己愛の障害と正常な自己愛を明確に区別するのに対して，コフートは自己愛の障害を正常な自己愛発達の連続線上でとらえようとする。この点からすれば，コフートの自己愛の障害に関する理論はより一般的なものであり，その障害の軽微なものから重篤なものまでを幅広く網羅するものと考えることができる。

4 ── 自己愛の障害とは

　以上の自己愛の障害に関する知見を要約するかたちでまとめると，次のようになるであろう。

①自己愛の障害としては，誇大性や自己陶酔，自己顕示，搾取性，共感性の欠如などとともに，自信のなさや傷つきやすさ，抑うつなどの問題も，重要である。

②自己愛の障害の要因としては，自己のすばらしさを承認してほしい，強く安定性のある親と一体化したい，自己の不安や感情をうまくしずめてほしいというような子どもの要求に対する親の応答が不適切・不十分であったことが考えられる。

③自己愛の障害の本質は，心的構造や，自己評価などを支える基本的な枠組みが健全なかたちで発達せず，脆弱であることである。

④自己愛の障害にみられるような心的構造に脆弱性を抱えた人々は，その満たされなさや欠損を補おうとして，極端なかたちで他者からの承認や賞賛，理想化された他者の存在を追求しようとする。

⑤自己愛の障害をもつ人は，自己のまとまりや自己評価を維持するために，過度の防衛を必要とし，また，自己を維持していくために，他者からの過度の支えを求めざるを得ない。そのため，健康なありようとしての他者への愛情や他者への共感性は育まれない。

2 自己愛の障害はなぜ生じるのか

1 ── 自己愛の障害の発生過程

　次に，前節で述べたような自己愛の障害が発生する過程について，よりくわしく検討してみよう。自己愛の障害の発生過程に関する理論的説明としては，コフート（Kohut, 1971, 1977）とカーンバーグ（Kernberg, 1975）の理論が有名である。両者とも自己愛性人格障害の精神分析治療に基づいて理論を展開したが，その見解には一致しない点も多い。両者の見解の相違は，対象とした患者の違いにも影響されているといわれる（Gabbard, 1994）。カーンバーグのいう自己愛性人格障害の患者は，誇大性，自己顕示性，特権意識が目立つ人たち

である。これに対してコフートのいう自己愛性人格障害は，誇大性を示す場合もあるが，どちらかというと傷つきやすさを特徴とする人たちである。自己愛性人格障害には誇大的・自己顕示的なタイプと周囲に過敏で注目を浴びることを避けるタイプがあるといわれているが，カーンバーグの患者は前者に近く，コフートの患者は後者に近い。また，コフートが対象にしたのは比較的社会適応の良い外来患者であるのに対して，カーンバーグが対象にしたのは重篤な入院患者である。本書ではカーンバーグの理論にも触れるが，主としてコフートの理論を用いて自己愛の障害の発生過程について説明することにしたい。以下の説明は，自己愛性人格障害を念頭においたものではあるが，それよりも軽い自己愛の障害にも基本的には適用できるであろう。

　自己愛性人格障害を特徴づける自己愛の障害は，本来なら形成されているはずの自己の構造に欠損があるから生じるのだと，コフートは考えた。それでは，この自己の構造とはどのようなものであり，またどうして欠損が生じるのであろうか。コフート（1971）は，幼児期に自己愛が誇大自己と親への理想化という形態をとって現れると主張した。誇大自己は，自分の存在価値やすばらしさを確認するために他者に承認や賞賛を求める自己の状態である。幼い子どもにこのような承認や賞賛を与えるのは，両親，特に母親である。コフートは母親が子どもを見つめるときの目の輝きを重視したが，そのような母親の反応が子どもに自己の存在価値への確信を与えるのである。そして，自己のすばらしさを賞賛されながら，同時に限界を教えられるとき，現実的な自己評価が生まれ，誇大自己は野心つまり力や成功を勝ち取ろうとする努力に変容するという。しかし，そのような反応をしてもらえない子どもは，誇大自己を抑圧するようになり，自信や意欲の乏しい子どもになってしまう。抑圧された誇大自己は，未成熟なままにとどまり，激しい自己顕示欲求の源になる。未成熟な誇大自己を抑圧している人は，それが刺激されたときに生じる激しい緊張や恥の感情が苦痛なので，自己顕示を不自然に抑制するようになる。

　自己愛のもう1つの形態である理想化というのは，理想化された他者（力，強さ，落ち着きなどを備えているように体験される他者）と心理的に一体化することである。たとえば，強い不安を感じている子どもが親からなだめてもらうことにより不安が消えていく体験をするとき，このような理想化の体験が生

じていると思われる。このような体験を十分に蓄積したあとに，親の力が万能でないことにも直面するとき，子どもは自分で不安をなだめる力を身につけていく。また，理想化された親のイメージから理想や価値が形成される。理想化の体験が不十分であると，このような過程が妨げられ，自己を心理的に安定させたり方向づけたりする力が弱くなってしまう。

このようにして，より高い達成や能力を目指す野心，内的基準である理想・価値，現実に根ざした自己評価，心理的安定を維持する力などが形成されると，人はそれらを支えに自己評価や心理的安定を維持することが可能になる。逆に，このような内的構造が十分に形成されないとき，自己愛性人格障害を特徴づける問題が発生すると，コフートは考えたのである。

コフートのいうように，親が子どもの存在を喜び，子どもの表現したことや達成したことを確認し賞賛するとき，子どもは自分が生きている意味や価値を実感できるであろう。このような体験の蓄積は，自己愛の健康な発達を促進するに違いない。しかし，そのような親の反応に出会えない子どもたちもいる。虐待や養育放棄などのような極端な形はとらないとしても，親が内心では子どもの存在を喜んでいない場合もある。また，子どもの存在を望んでいないわけではないが，子どもに必要な情緒的反応を示せない親もいる。たとえば，母親が長期間にわたり重い抑うつ状態に陥る場合がある。グリーン（Green, 2001）は，このような状況を「死んでいる母親」（dead mother）という言葉で表現している。これは物理的には生きているが精神的に死んでいるという意味であり，自分の精神的問題のために子どもに必要な情緒的反応を示せない母親のことである。

また，子どもに対する親の承認・賞賛が重要だといっても，その内容が問題である。自分の期待や願望を満たしてくれる場合だけ子どもに承認・賞賛を与える親もいるからである。たとえば，親が自分の自己評価を高めるために子どもに優秀な成績を期待したり，親が果たせない夢の実現を子どもに押しつけたりする場合である。このような場合には，子どもは自分らしくあることを受け入れられているのではなく，親の自己愛的欲求を満たす存在として必要とされているのである。もちろん，このような自己愛的欲求をまったくもたない親はいないであろう。しかし，精神的に健康な親なら，子どもが親とは違う興味・

関心や目標をもつことを受け入れていく。親が自己愛的期待を捨てることができず，子どもが自分らしさを犠牲にして親の期待に同調するなら，自己愛の障害が発生する可能性が高くなるであろう。

自己愛の障害につながるもう1つのパターンとして，精神的にもろくて不安定な親を子どもが支えている場合や，親の役割の重要な部分を子どもが代行している場合がある。子どもが親の世話役になり，親子の役割が逆転しているのである。もちろん，通常でも子どもは多少このような役割を果たしているものであろう。しかし，その程度が通常の範囲を超えていると，子どもは親にまかせておけるはずの機能を自分で遂行せざるをえず，ある面では早熟な発達を遂げるかもしれないが，人格の本質的部分に未熟さやもろさを抱えてしまうことが多い。また，このような子どもたちは，他者の願望や期待を感じ取る感受性は敏感になるが，自分の本当の感情や欲求を感じ取りにくくなる。ウィニコット（Winnicott, 1960）のいう「偽りの自己」（false self）が肥大化し，本当の自己に触れることができなくなるといってもよい。

2 ── 誇大性はなぜ生じるのか

自己愛の障害をもつ人のなかには，自分が完全であるとか，だれよりも優れているかのように空想したり，主張したり，あるいはそうありたいと願ったりする人がいるわけであるが，このように自己を誇大化する傾向はどうして生じるのだろうか。誇大性に対する位置づけは研究者により多少異なるが，多くの研究者が次の点に関しては一致している。つまり，誇大性の裏には非常に否定的な自己像や他者への依存を求める激しい欲求が隠れており，誇大性がそれを否認する防衛として働いているということである。なお，自己愛性人格障害には誇大性が目立つタイプと周囲の反応を過剰に気にかけるタイプがあることを述べたが，ギャバード（Gabbard, 1994）によると，自己愛性人格障害患者の多くは両方のタイプの特徴をさまざまな割合で並存させているという。

カーンバーグ（1975）は，誇大性を自己愛性人格障害を特徴づけるものとして重視している。図1-4は，彼の考えに沿って自己愛性人格障害患者の内的世界を図式化したものである（カーンバーグの妻であるパウリナ・カーンバーグが作成した図を修正）。カーンバーグによると，自己愛性人格障害の患者に

は誇大自己という病理的自己像が形成されている（コフートのいう誇大自己とは意味が異なる）。誇大自己は，本来なら区別されるはずの現実自己像と理想的自己像や理想的他者像が融合したものである。誇大自己がなぜ形成されるのかというと，生まれつきの攻撃性の強さや欲求不満耐性の弱さに加えて，人生早期に親との関係で耐えがたい欲求不満を体験したからである。その結果，患者は空想のなかで現実の自己と理想像を同一視し，「今の自己がそのまま理想の状態なので他者から愛される必要はない」と感じることにより，他者への依存を拒否するようになったのである。患者には愛情に飢え，怒りに満ちた自己の部分も存在するわけであるが，このような否定的自己像は抑圧され，他者に投影される。否定的自己像を投影された他者は，患者の軽蔑の対象となる。患者が他者を理想化することもあるが，それは自分の誇大自己を投影しているにすぎない。また，ふつうなら理想像は超自我（道徳・良心の働きをする部分）に組み入れられ，それに到達しようとすることが自己評価を高めるようになる。しかし，自己愛性人格障害では，理想像が超自我に組み込まれないので，超自我は理想に到達する努力をほめるような愛情的側面が欠けており，自己を責めるだけの迫害的なものとなる。この迫害的超自我が外界に投影される結果，患

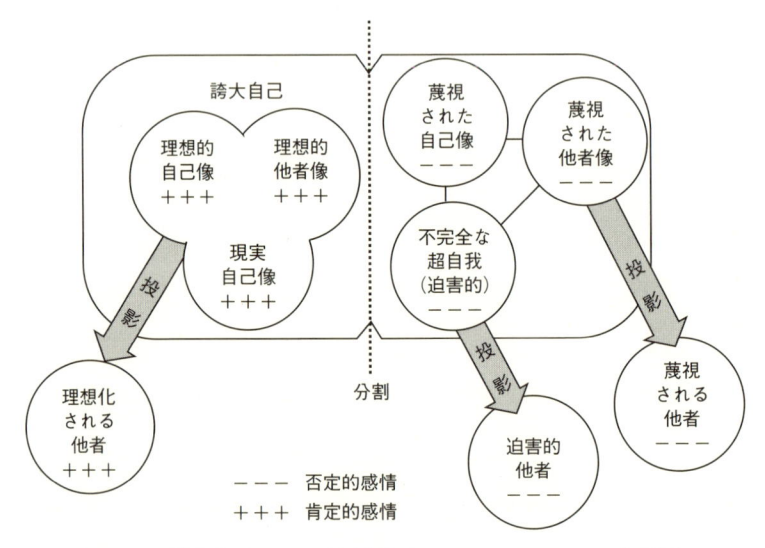

図1-4　誇大自己についての図式（Kernberg, P. F., 1997 を修正）

者は他者から責められているように感じやすくなる。このように，誇大性を伴い，他者への依存を否認する自己破壊的な心の部分については，カーンバーグ以外に英国対象関係学派のローゼンフェルド（Rosenfeld,H.）なども，「自己愛構造体」（narcissistic organization）という名称で言及している（Rosenfeld, 1988; 松木, 1996）。このような考え方は，重篤な自己愛の障害を理解する際には有益であろう。

　コフート（1971）も誇大性を問題にしているが，誇大性の目立たない症例もあると言い添えている。コフートによれば，自己愛性人格障害患者の自己には自己評価が低く抑うつ的な部分と誇大的な部分が並存している（前項の図1-3を参照）。自己評価が低く抑うつ的な部分は，さきに述べたように，子どもの自然な自己愛に対する親の対応の失敗から発生する。患者が本当に承認・賞賛されたい本来的な部分は，親から受け入れてもらえなかったために抑圧されてしまう。一方，誇大的部分は，母親が自分の期待や願望を満たす部分だけを承認・賞賛したことにより形成されたものである。誇大的部分は，患者の本来的な欲求が満たされていないことを否認する役割を果たしているのである。モロン（Mollon, 1993）もいうように，これは母親の願望に同調した本来的でない自己の部分であり，ウィニコット（1960）のいう「偽りの自己」に近いものと考えてよいであろう。

3 ── 母親の要因と父親の要因

　ここまで，子どもに自己愛の障害をもたらす親の要因について，母親と父親を区別せずに説明してきた。しかし，通常なら子どもが最初に結びつきを形成するのは母親であるから，自己愛の障害の種はまず母親との関係の中でまかれると考えられる。しかし，子どもが母親の影響を強く受けてしまう背景には，父親の問題も関与していることが多い。子どもが母親との密着関係から脱けだして父親を含む三者関係に入ることの重要性は，フロイトがエディプス・コンプレックスを提唱して以来たびたび論じられてきたが，自己愛の障害をもつ人の親子関係にもこの三者関係の形成の失敗がみられる。たとえば，母親が子どもとの関係から夫を排除しているとか，父親が子どもに必要な役割を果たせていないというような状況である。コフート（1971, 1977）が提示している症例

第1章 ■自己愛の障害とその形成過程

には，このような状況がよくみられる。また，モロン（1993）も，自己愛の障害の要因として，母親の共感的映し返し（承認・賞賛）の失敗と父親を含む三者関係の形成の失敗をあげている。なお，ここで重要なのは，父親の物理的存在というよりも，子どもの心のなかに心理的・象徴的な意味で父親が存在しているかどうかである。父親がいない家庭でも，子どもの心に父親の良いイメージがあれば問題はないし，母親が子どもを自分との関係にしばりつけないように注意しているなら，子どもが年長の男性との関係のなかで象徴的な父親体験をすることは可能である。

父親の役割との関連で興味深いのは，コフート（1977）の「補償的構造（compensatory structure）」という考え方である。コフートによれば，母親の養育の失敗により子どもの自己が傷を負ったとしても，母親の養育の他の側面または父親の養育に適切な部分があるなら，子どもの自己の中に外傷の悪影響

防衛的構造
外傷の影響で起きてくる空虚感や抑うつを
打ち消したり，和らげたりするために発生する部分

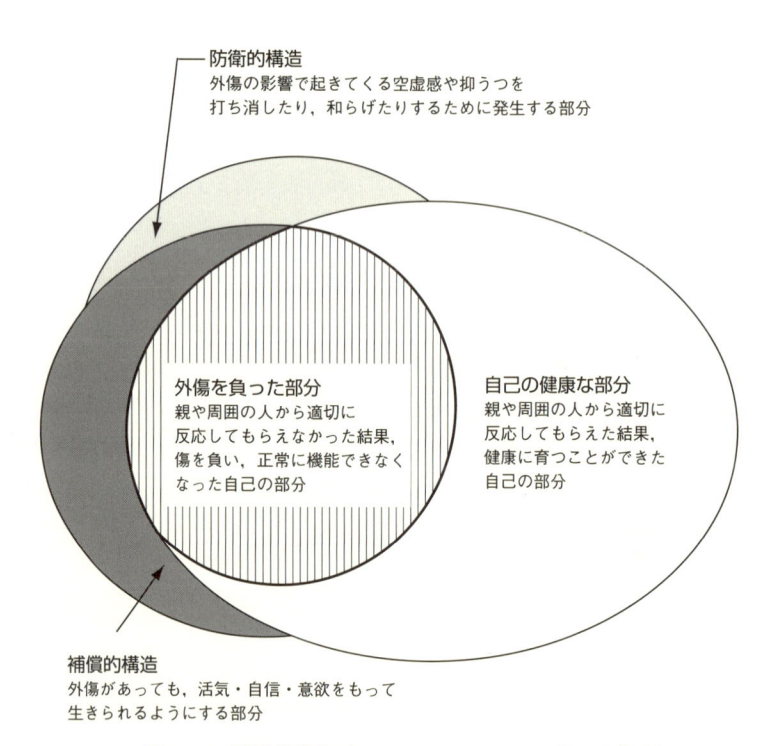

外傷を負った部分
親や周囲の人から適切に
反応してもらえなかった結果，
傷を負い，正常に機能できなく
なった自己の部分

自己の健康な部分
親や周囲の人から適切に
反応してもらえた結果，
健康に育つことができた
自己の部分

補償的構造
外傷があっても，活気・自信・意欲をもって
生きられるようにする部分

図1-5　補償的構造（Kohut, 1977, 1984に基づき作成）

を防ぐ部分が形成される。コフートは，これを「補償的構造」と呼んだ。コフートは，子どもの誇大自己を賞賛すること（映し返し）を主として母親の役割とみなし，理想化の対象となることを主として父親の役割と考えたが，母親の映し返しの失敗により子どもの自己が損傷を受けたとしても，父親への理想化が可能であれば補償的構造が形成されるわけである。わかりやすくいえば，父親との良い関係から育つ興味・関心，能力，活動などが患者の自己に自信や活気を与えるのである。後にコフート（Kohut, 1984）は，映し返しと理想化のほかに重要な他者に対して類似性・親近性を感じる体験（双子または分身体験）を加え，このうち２つの体験が十分であれば自己愛性人格障害は生じないと述べている。図1-5は，この考え方を筆者が図式化したものである。コフートによれば，外傷から生じる空虚感や抑うつを打ち消すだけの防衛的構造（defensive structure）に比べ，補償的構造は自己実現に貢献する。補償的構造が十分でないときに自己愛の障害が発生するのであり，精神分析や心理療法は補償的構造を修復する役割を果たすのだという。

Column ④
文学者と自己愛 —太宰治と三島由紀夫—

　太宰治と三島由紀夫は，その文学も生涯もきわめて対照的であり，また20代の三島は「私は太宰さんの文学はきらいなんです」(『私の遍歴時代』)と直接言い放つほど太宰を嫌っていた。
　太宰治（1909-1948）の文学や生涯では，自らの弱さ・醜さといったことが前面に表れている。太宰は作品の中で「恥の多い生涯を送って来ました」「生れて，すみません」(『人間失格』)などと救いのない絶望や虚無感を赤裸々に描き，実生活では酒，薬物，女性関係におぼれる日々を過ごした。また，39歳の時には「永居するだけ／みなを苦しめ／こちらも苦しく／かんにんして被下度（くだされたし）」という遺書を残し，梅雨の夜，泥酔して愛人と入水自殺を遂げた。太宰の写真を見ると，気弱な微笑みの中に，まとわりつくかのような恥，自嘲，自己憐憫（れんびん）が感じられ，印象的である。
　一方，三島由紀夫（1925-1970）の場合は，強さ・美しさが大きなテーマである。三島は作品の中で，ギリシア彫刻の肉体美（『禁色』），青年将校の純粋な愛国心（『憂国』），貴族の優雅な生活（『盗賊』）などを描き，実生活でもボディビルで肉体を鍛える，ギリシア様式の白亜の豪邸を建てる，「楯（たて）の会」という私設軍隊を作るなどした。そして，秋晴れの午後，楯の会の同士とともに自衛隊に乱入し，「散るをいとふ世にも人にもさきがけて散るこそ花と吹く小夜嵐」という辞世の句とともに割腹自殺を遂げた。また，写真にあるように，三島のぎらぎらとした眼差と鍛え上げられた肉体は，圧倒されるような迫力を備えている。
　ここで自己愛の視点から二人の文学と生涯を検討してみよう。
　太宰は青森の大地主の家に生まれた。父親は代議士で，母親とともに東京にいることが多かった。また，母親は病弱で，子育てを叔母や女中にまかせていたため，太宰は当時の両親に関する記憶がないと述べており，生家に対する疎外感も強かった。このことから精神科医の米倉（2001）は，太宰にとっては母親の鏡映機能が不十分であったため，「撰（えら）ばれてあることの／恍惚と不安と／２つわれにあり」(『葉』)という一節にあるように，誇大自己が肥大し，自己愛は脆弱（ぜいじゃく）で，自分に対する不安や不確かさが強かったとした。これらのことは太宰文学の基調を形作ると同時に，寂しさから女性関係を転々とし，自分に愛情をもってくれる人（自己対象）を追い求めたり，酒や薬物で不安や自己の傷つきをまぎらわせたりすることにつながっていった。

▲ 太宰治

三島は華族出身で気位の高い祖母の影響を強く受けて育った。祖母は生来病弱であった三島を生後すぐに母親から引き離し、溺愛した。また、男の子と遊ぶことを禁じ、平民でありながら華族学校であった学習院に通わせた。三島は祖母の期待に応え、優等生として努力したが、現実からの疎外感を抱いていたようである。さらに、米倉によると、三島は母親からは授乳などで愛情を得ていたが、父親はほとんど不在であり、父親への理想化が不十分であった。三島はその反動として男らしさを理想化し、その獲得に執着していったのであり、その結果、強さや美をテーマとする三島文学の基調や、強靭な肉体を理想とし、最後には武士さながらに切腹するという生涯の基礎がつくられたのである。

▲ 三島由紀夫

　つまり、彼らは一見して対照的であるが、ともに脆弱な自己愛をもち、自分に対する不安や不確かさ、現実からの疎外感を抱いていた。ただ、そこで太宰は周囲に救いを求め続け、三島は弱さを隠し自分一人で懸命に強くなろうとしたのである。このように考えると、三島が30代後半になって「おそらく自分の根底に太宰と触れるところがある（中略）だから反発するのでしょうね」と述べたのは興味深い。

　しかし、自己愛の問題は単に彼らを翻弄(ほんろう)しただけではない。彼らが日本文学史に残る作家であるうえで、自己愛は積極的な意味をもっている。

　太宰は「自分の最悪の部分をさらけ出すことによって、気恥ずかしさ、きまり悪さといったものを最大限に高める」（キーン，1996）ことで文学を創造した。すなわち、作品の中であえて自分の弱さや醜さを表現し、さらに、強い自意識で自分を見つめ、生きることの意味や人間の本質を追求していった。その意味では、太宰にとっては「まけてほろびて、その呟きが、私たちの文学」（書簡）であった。また、三島も『金閣寺』で金閣寺が焼失する美を描いているが、その背後には、金閣寺に放火せざるを得なかった主人公の疎外感、孤独感、不安、ひいては人間という存在の不安定さがきわめて知的に認識、分析されている。これは作品の創造を通して行った三島の自己分析であり、自画像であると言われている。

　つまり、太宰も三島も、自分に対する確かな手応えを求めて、自己愛的な方法でぎりぎりまで自分を分析していったのである。その結果、彼らは破滅的な生涯を送ったのだが、同時に人間というものの本質に迫る作品を生み出したのである。

Column ⑤

政治家と自己愛 ―ヒトラーとチャーチル―

　アドルフ・ヒトラー（1889-1945）は，少年時代，成績優秀で，父親は自分と同じ高級官吏の道を期待していた。しかし，ヒトラーは父親への愛着心がうすく，画家を志望した。ところが，18歳の時，芸術学校の受験失敗，さらに最愛の母親の病死が重なると，ヒトラーはひどく失望し，ウィーンで孤独な放浪生活を送った。当時のウィーンではユダヤ人が多く，市長らの政治家が反ユダヤ主義を公然と主張しており，その影響か，ヒトラーは政治や反ユダヤ思想への関心を育てていった。そして，第一次世界大戦では志願してドイツ軍に入隊した（24歳）。しかし，ドイツは敗北し，主にユダヤ人によりベルサイユ条約の受諾やワイマール政府の樹立が進められた。こうして，ヒトラーのユダヤ人に対する憎悪はいっそう強固なものとなった。

▲ ヒトラー

　ヒトラーの思想は次のようなものであった：ドイツ民族こそが健全で優れているにもかかわらず，利己的で卑賤なユダヤ人が政治，経済，芸術などを通して利益を搾取し，ドイツ民族を傷つけている。彼らはペストのように全世界に蔓延するだろう。われわれはドイツ民族の純血と生存圏を守るため，ユダヤ人を排除しなければならない。この主張は民衆に強く支持され，ヒトラーは32歳でナチ党党首に就任し，ユダヤ人大量虐殺やヨーロッパ侵攻を強行した。

　コフート（Kohut, 1978）によると，ヒトラーは適度な愛情や承認を受けずに育ったため，自信の喪失，恥，孤独，怒りが強かった（自己対象の反応の失敗による自己愛の傷つき）。しかも，これらの傷つきが芸術活動で解消されることもなかった。また，当時のドイツは，ベルサイユ条約による法外な賠償金の負担や軍事権の剥奪などのように，他国から共感を撤去され，加えて世界恐慌による失業者急増のため，自信や誇りの喪失，恥や絶望感の増大に陥っていた（集団自己の傷つき）。つまり，先ほどのような思想をもったヒトラーがドイツの指導者になることには，ヒトラー自身とドイツの双方にとって，自分の力や理想を絶対視することで傷つきを否認し，活力を回復しようとする意味があったのである（太古的な誇大自己の実現）。

　ヒトラー率いるドイツ軍はフランスに侵攻し，イギリスを脅かし始めた。そして，この危機に際してイギリスの首相に就任したのがチャーチルであった。チャーチルはヒトラーにとって最大の敵となってゆくが，興味深いことにコフートはチャーチルも自己愛的なパーソナリティであると述べている。

ウィンストン・チャーチル（1874-1965）は，伝統のある政治家の家に生まれた。両親は社交と政治に熱中し，チャーチルと接する時間は少なかった。しかし，チャーチルは母親を慕い，厳格な父親を畏れつつも強く理想化していた。チャーチルが政治家になったのも，父親の遺志を継ぐ気持からであった。

▲ チャーチル

　また，チャーチルは活発でいたずら好き，そして空想の好きな少年であった。たとえば，自分は空を飛べるという空想をもっていたチャーチルは，鬼ごっこで橋の両端から挟み撃ちにあったとき，橋から飛んで大けがを負った。コフート（1978）は，これは誇大自己と現実がうまく統合されていないことによるものと述べている。

　青年期のチャーチルは志願して何度も戦地に赴き危機をくぐり抜けているが，これもいざとなれば空を飛んで脱出できるという飛行空想によるものであった（Kohut, 1978）。しかし，戦地の経験から，「大英帝国の占領地拡大は，多少威厳を欠いても小規模かつ徐々にすべきであり，戦力を用いない方が辺境に法と秩序と富をもたらし，野蛮を減少させ，帝国の威信を増す」と述べたように，冷静に現実を分析する力も身につけていった。そして，首相就任の時（66歳）には，誇大自己は現実と統合され，人格全体が調和した状態にあった（Kohut, 1978）。

　首相となったチャーチルに，ヒトラーは英独の和平案を提示する。これはイギリスに侵攻しないことと引き替えにドイツのヨーロッパ侵攻を黙認させ，また勝算のない戦いはしたくないというイギリスの閣僚を誘惑し，イギリスを弱体化しようとするものであった。しかし，チャーチルはもち前の誇大自己で不屈の精神を示し，ヒトラーの提示を無視した。また，自由，良心，自尊心といったイギリスの伝統を死守する姿勢を前面に打ち出し，自信を失いかけていた民衆を勇気づけた。さらに，国内の消極派の閣僚との対話を粘り強くくり返し，ヒトラーとの対決姿勢を固めていった。

　イギリスが予想外に強固であったため，ヒトラーはソ連侵攻に戦略を転換した。しかし，アメリカがチャーチルの粘り強い要請に応じて参戦し，英米ソの連合国が結成された。こうしてヒトラーは苦境に追い込まれ，自殺した。

　結果はチャーチルの勝利であった。そして，現在，私たちはヒトラーのような悲劇をくり返さないと肝に銘じている。しかし，ヒトラーに「異常者」のラベルを貼るだけでは十分ではない。それはヒトラーがユダヤ人を排除したのと同じだからである。今日，世界各地で凄惨なテロが多発しているが，本当に重要なのは，ヒトラーや当時のドイツ，そして種々の国や民族に共感のまなざしを向けることかもしれない。

第2章
自己愛の障害をもつ青少年の実態

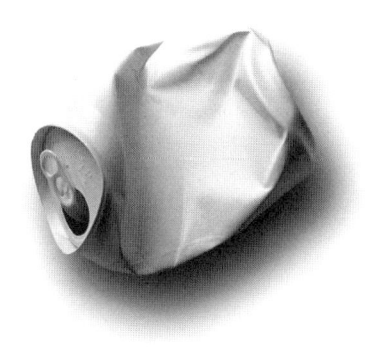

第1節

自己愛の障害のタイプとレベル

　この節では青少年における自己愛とその障害の表れ方の違いを、表現形態の違い（タイプの違い）、および、障害の重篤度の違い（レベルの違い）、という視点から整理して述べる。

　なお、コフート（Kohut,H.）は自己愛性人格障害水準と境界例水準を重篤度の違いとして区別したが、カーンバーグ（Kernberg,O.F.）は自己愛性人格障害者の一部は境界例水準で機能すると考えた。この小論では、こうした、立場の違いによる用語の使い方の違いを避けるために、DSM-Ⅳに従って、個々の人格障害を水準の違いではなく、タイプの違いとして扱う（したがって、以後、境界例は境界人格構造ではなく境界性人格障害を指す）。そして、ふだんの適応が不良、治療において治療関係を成立・維持させるのが難しい、結果的に治療の成果があがらない、などの場合を重症ととらえておく。このため、軽症の境界例もあれば、それよりも重症の自己愛性人格障害もあり得る。

1　タイプの違いとして見る

　自己愛的な人、と一口に言っても、さまざまなタイプの人がいる。ある人は野心家で、自信に満ち、部下に厳しいが、実際にも相応の成功を収めて、大企業の重役として活躍する一方、3度の離婚歴がある。またある人は自惚れが強く、音楽家としての将来の夢を熱く語るが、一度も曲を出さないまま、自称アーティストとして20歳代を過ごす。さらに別の女性は、男性の前ではひどく

第1節 自己愛の障害のタイプとレベル

緊張し，恥ずかしがり屋で目立たぬ独身 OL として 25 年間黙々と日々の勤めをこなすが，帰宅後は空想の世界で，白馬に乗った王子様から求愛されることを夢見る。また別の男性は，わがままで，甘えん坊で，浮気癖があるが，何となく憎めないところがあって，50 歳を超えた今も，多くの女性から好かれる。

以上は身近にもいそうな人々の例であるが，より障害の重い者においても，さまざまタイプの人がいる。そこで，自己愛の多様な表現形態を，ギャバード (Gabbard, 1989) は，尊大で自己顕示的なタイプを一方の極とし，敏感で傷つきやすいタイプをもう一方の極とする連続体を想定して，そのなかに位置づけた（本章第2節参照）。対人関係におけるスタイルの違いでいえば，前者は他人の感情や反応に鈍感で，周囲を気にかけないタイプ（カーンバーグの理論化の基となった人々）であり，後者は他人の言動や反応に敏感で，批判や軽視に傷つきやすいタイプ（コフートの理論化の基となった人々）である。

このように，成人期の自己愛の表れ方がさまざまなように，青少年においても，自己愛の表われ方にはさまざまなバリエーションがある。青少年の例を少し見てみよう。

1 ── 無力感にさいなまれる尊大なタイプ

【事例1】A さん，23 歳，男子大学院生
　A さんは修士論文の作成が思うように進まず落ち込んでいるということで相談に来た。彼は大学院で遺伝子操作の実験に取り組んでいた。彼によれば，指導教員の助手は能力不足で自分の研究の意義を理解しておらず，大学院の先輩は自分を都合の良いように利用するとのこと。「指導教員がもう少し賢くて助けになり，先輩大学院生が自分の邪魔をしなければ，こんな風に行き詰まらないはずなのに。信頼し尊敬していた教授も，研究室の状況を見て見ぬふりをする。まったく裏切られた気持ちがする」と彼は言った。

2 ── 劣等感を抱えた過敏なタイプ

【事例2】B さん，15 歳，女子中学生
　B さんは，学校に行きたくないと言って相談に来た。クラスには 5 − 6 人からなるグループがいくつかあり，B さんもその中の 1 つの派手で目立つグループに属してはいたが，いつも若干の疎外感を覚えていた。彼女には，容姿でも，おしゃれのセンスでも，家庭の経済レベルでも，自分はグループのメンバーに劣っているという思いがあり，彼女たちを理想化しつつも嫉妬し

ていた。同時に、「いけていない」と思っている別のグループの人たちを馬鹿にしていた。学校では、メンバーのちょっとした言動に傷つき、恥ずかしい気持ちや情けない気持ちになることがしばしばであった。そんな日は、家に帰ると母親に、「もう学校には行かない」、「どうして美人で金持ちに産んでくれなかったの」、「私なんか生きていてもしょうがない」と泣いて怒った。

2 レベルの違いとして見る

　尊大で傲慢なタイプと敏感で傷つきやすいタイプの区別以外にも、男性性顕示タイプ、妄想的タイプ、他者操作的タイプ、要求がましいしがみつきタイプに分けたり、自己顕示型、情性欠如型、被虐型に分けることもある。これらのタイプは、精神分析的病態水準論に沿っていえば、神経症的な水準からより精神病に近い水準まで、さまざまな機能水準を示す。

　そこで、自己愛の表現形態の違いを、タイプの違いだけでなく、障害の重篤度や適応状態に対応させる考え方もある。ここでは、まずは健康な方向での自己愛を検討し、次に典型例よりも重篤な事例における自己愛の障害について述べる。

■1── 健康な自己愛と病的な自己愛

　そもそも人はだれしも、多少なりとも、自己を愛しむ気持ちをもっている。こうした、自己尊重や高い自己評価とも関連する、自己への愛のどこまでが健康で、どこからが病的かを決めることは難しい。

　とはいえ、極端な自己尊重は周囲の者をうんざりさせるし、極端な自己卑下はまわりを疲れさせる。健康と不健康の間に明確な境界線はないかもしれないが、それでも、病的な自己愛は、周囲の者にそれとして認識される。

　では、どうやって気づかれるのか？　それは、対人関係における独特のスタイルのために支障が生じることによる。不適応をきたすほど自己愛的な人では、不安や憂うつがみられるだけでなく、対人関係におけるトラブルが顕在化している。仕事や学業そのものでは適応している人もいるが（むろん、不適応の人もいるが）、職場や学校での人間関係には、まちがいなく何らかの問題がある。もしそうでなければ、家庭内の夫婦関係や親子関係に問題がある。

対人関係において，彼らは自己中心的で，相手の気持ちに配慮することがない。自慢にせよ，自己憐憫にせよ，彼らの話は一方的で，聞き手の都合には頓着しない。内には劣等感や脆弱性を秘めていても，随所に尊大で傲慢な態度が現れたり，逆に，表面的には控えめで謙遜するが，内には誇大な自己像を抱えていたりする。周囲の人から見れば，彼らはいつも他者を利用しているように思える。このため，通常，彼らは他人から好かれない。一方，彼らも親密な関係を他者と結ぼうとはせず，しばしば孤高の人となり，社会的にひきこもることすらある。たとえ，成功を収め，社会的に活躍していても，対等で相互的な人間関係は乏しい。

これに対して，より健康な自己愛のもち主は，他人とのかかわりを楽しむことができる。人間的に冷たい感じをまわりの者に与えることも少ない。自己愛的なところはみられても，愛すべきところも兼ね備えている。時には，彼らの自己愛はユーモアや知恵の形で，人を惹きつける魅力となる。多くの自己愛的な人はこうしたレベルにあり，自惚れと自信過剰の傾向はみられるものの，相談機関や医療機関に行くことなく社会生活をおくっている。

とりわけ青少年期は，自惚れ，自意識過剰，大人社会（エスタブリッシュメント）への羨望と挑戦，自信のなさや自信過剰などが見られやすい時期である。脆弱性とその防衛である自己愛自体は多くの青少年にみられるので，それが病的かどうかの判断には，よりいっそう，対人関係に注意を払う必要がある。

2 ── より重篤な場合

一方，典型的な自己愛性人格障害よりも重症例では，臨床経験的には，以下にあげるような特徴がみられる。

（a）衝動的な自己破壊的行動

【事例3】Cさん，19歳，女子大生
　Cさんはボーイフレンドとの関係が壊れたのを機に，抑うつとリストカットが始まり，病院に連れてこられた。関係が壊れたといっても，彼の浮気が発覚し，「自分の方から関係を切った」のだと，彼女は怒りに震えながら述べた。そして，初対面でいまだ事情がわからない治療者に，「私を裏切るなんて許せない」，「いったい，何様だと思っているの」，「絶対，後悔させてやる」などと一方的にまくしたてた。

自己愛的な人は計算高く（よくいえば目的意識がはっきりしており），通常は衝動的ではない。しかし，不適応感，不快気分，あせり・焦燥感が強い場合や，慢性的に傷ついている場合は，衝動的な自己破壊的行動がみられることもある。この傾向が強まると，より境界例的になる。
　典型的な境界例の人が相手にしがみつこうとするのに対し，自己愛的な人は，見捨てられる前に自分から相手を捨ててしまう。そして，すぐに立ち直って，自己評価を膨らませてくれる新しい対象を求める。しかし，この事例のように，怒りと復讐心が自己評価を高める行動へのエネルギーとならずに，自己破壊的行動に結びつくこともある。
　さらに境界例的な側面が強まると，衝動コントロールの悪さがより目立つようになる。また，感情，行動，自己イメージなどの安定した一貫性が失われ，周囲の人からすると，その時その時でまるで別人のように見えるようになる。自己愛的な人が傷つきやすさを抱えているのに対し，境界例の人は傷つきやすさを抱えているだけでなく，傷つくことで自己のまとまりがなくなる危うさをもあわせもっている。

（b）偏執症的傾向

　自己愛的な人はそもそも人の言うことを信用せず，疑い深く，邪推(じゃすい)しやすいところがある。これに加えて，他者との交流を好まず，人に対して距離をとり，孤立していくと，ますますささいなことで傷つけられたと感じやすくなる。そして，被害者意識が高まり，過敏に反応して，場合によっては怒りの反撃をするようになる。こうして，自己愛性人格障害者は偏執症的色彩を帯びていく。不適応感，自己正当化，力への欲求，怒り，復讐心などにより，この傾向は助長される。

（c）反社会的傾向

【事例4】D君，14歳，男子中学生
　D君はシンナー吸引が学校に知れ，担任から親に連絡があり，病院を受診させられた。髪は茶色に染め，サングラスをかけたまま現れた彼は，同時に，チック症状も呈していた。彼は，仲間にからかわれるのが嫌で，チックは何とかしたいと思っていたが，非行仲間との付き合いやシンナー吸引に関しては悪びれたようすもなく，これまでの女性関係や窃盗歴を自慢げに話した。

さらに別の重症形態の1つに，顕著な反社会的傾向の存在がある（青少年期の非行が，必ずしも良心や罪悪感の欠如を反映しているわけではないが，成人期に反社会性人格障害を呈し，良心や罪悪感の欠如を示す者では，青少年期にすでに非行などの兆候がみられる）。

　能力に恵まれた自己愛者では，青少年時代に非行は呈さない。また，成人になってからも，良心や罪悪感の欠如は，責任を追及された際に責任転嫁や他者非難といった形で露呈するが，ふだんは明らかでないことがある。このように，自己愛者にはしばしば反社会的傾向がみられるが，表立って目立つとは限らない。

　これに対し，一部の自己愛者は反社会性がより強く，頻回の触法行為，暴力沙汰，脅迫的言動がみられる。しかも，こうした行為に対する真の反省は見られず，良心や罪悪感があるようには見うけられない。このような反社会性が強い事例では，治療は困難をきわめる。

(d) ひきこもり

> **【事例5】** Eさん，26歳，男性無職
> 　Eさんは16歳からひきこもりが始まり，すでに10年になる。この間，10代のころにはアルバイトを何回か試みたこともあるが，いつも短期間しか続かず，以後はテレビをみてゲームをする毎日。最近はインターネットを一日中している。自己の内面を語ることはほとんどないが，無職ということで，周囲の目を若干気にしていることはうかがえる。表面的には彼のなかであまり葛藤はなく，「(バイトに) 行かないといけないとは思うけれど，すぐに嫌になるんですよね」と他人事のように述べる。ただし，アルバイトの時のことは，嫌な思い出としてよく覚えている模様。バイトの同僚は，取るに足らぬ人だったとのこと。

　自己愛的な者の多くは，対人関係での障害に比べて，職業生活や社会生活での障害は目立たない。一部の者ではむしろ大きな成功を収め，社会的に華々しい活躍をすることもある。しかし，敏感な自己愛者で，社会的にひきこもってしまう者もいる。さらにその中の一部は家庭内暴力を呈する。

　そもそもひきこもりには，傷つきやすい自己を守る側面と，刺激に対してますます敏感で傷つきやすくする側面とがある。こうしたひきこもり行動の背後に，誇大な自己像が隠れている場合がある。そのような時には，「きっかけさえあれば何とかなる」と考えて現実の問題を否認し，いたずらに夢想にふけっていることがままある。「不安や抑うつが見られないから軽症」とは限らない。

(e) 薬物・アルコール依存

【事例6】 Fさん，28歳，男性無職
　Fさんは10代半ばから対人緊張が強く，精神科に通院。大学は1年で中退。28歳で転院してくるまでに，アルコール症の治療のために数回の入院歴がある。睡眠導入剤や抗不安薬増量への要求も強い。

　ガラスのようにもろい自己を抱えながら，（本人が自覚しているとは限らないが）苦しさから逃れるために，薬物やアルコールに救いを求める自己愛的な人もいる。そして，一部は，慢性の自己破壊行動ともいえる薬物・アルコール依存に陥る。

(f) 精神疾患

　種々の精神疾患は，自己愛的な人が重篤な状態に陥っていることを示す兆候である。よくみられるものに，うつ病，心気症，神経性食思不振症，妄想状態などがある。
　こうした精神疾患が合併すると，自己愛的な傾向は普段よりも助長される。

3　まとめ

　青少年にみられる自己愛について，①タイプの違いによる障害の表れ方を例示し，②正常な自己愛と病的な自己愛の鑑別点を記し，③特に障害が重篤な際の特徴をあげた。最後に，障害の重篤度は，実際の才能や魅力の有無，サポートしてくれる人や利用できる人がいるか否か等，人格病理以外の要因にも規定されることを付け加えておく。

Column ⑥

映画を通してみる青年期の自己愛の病理①

● 『コレクター』The Collector
　　ウイリアム・ワイラー監督　米・コロンビア映画　1965年
　　テレンス・スタンプ，サマンサ・エッガー出演

　内気な目立たない銀行員であるフレディ（スタンプ）。人から変わり者扱いされ，誰とも関係がもてない。何を考えているのか周囲の人にはわからない。彼の趣味は蝶の蒐集である。人と関係がもてない彼にとって生き生きとできるのは，蝶や昆虫を捕らえてそれ標本にして，その死体を眺めるというものであった。人とつながりをもてない彼が，人とつながり人に愛されるようになるにはどのようにしたらよいのか。彼が考えついたのは，女性を蝶のように捕らえ，社会から切り離し，隔離して，自分とだけ話したり，食事したりするようになれば，やがて自分にうち解け，自分を好きになってくれるのではないだろうか，ということであった。

　蝶のようにとらえられる人はどうなるのだろうか。自分中心に周囲の人を利用して生きていくのが，自己愛の人，ナルシシズムといわれる心の病理である。

　フレディはかねて目をつけていた若くきれいな女性を周到に計画して誘拐する。その女性のためには，衣服もすべて寸法など調べ知り尽くしている。人通りのないところで女性にクロロホルムをかがせ，車に押し込んで隔離された人里離れた家につれていくのである。その女性を地下室に閉じ込め，彼の実験が始まる。彼は女性がやがて自分を好きになってくれると信じている。

　囚われの身となった若い女性はしっかりした鼻柱の強い人で，彼を許さない。しかし，彼の方としては，いずれ自分を許し，愛してくれるだろうと信じている。結婚してもいいと言ってくれるだろう。そして自分はこの女性に一生尽くす気持ちである。この身勝手さ。自分の欲望のためには人の命を奪っても，それは自分を好きにならない人が悪いという論理である。

　フレディを許さない女性は，やがて衰弱して死んでしまう。女性の死に対する反応は，「自分は愛しているのに，自分を好きにならない彼女がだめなのだ。この次はあまり気の強くない女を探さなきゃ」というものであった。徹底的に自分中心の考えに従って行動する。私は努力しているのだから，相手もちゃんと応えるべきである。それができないのは相手が冷たいからだ。この逆転の論理。自己中心的な心性。程度の差はあるかもしれないが私たちの内部にもある心性ではないだろうか。

Column ⑦

映画を通してみる青年期の自己愛の病理②

● 『17歳のカルテ』Girl Interrupted
　　ジェームズ・マンゴールド監督，アメリカ・コロンビア映画　1999年
　　ウイノナ・ライダー，アンジェリーナ・ジョリー出演

　この映画は心の面で危機に陥った青年期にある女性たちが一時的に入院しているクレイモア精神病院の模様を描いた映画である。若い人たちにかなり関心を呼んだ映画であった。この映画の主人公スザンナ（ライダー）は家族から理解をえられず，不安定になって，自殺未遂をしたりした。家族といっしょにいてはどうしようもなく，この精神病院に入院したのである。

　筆者はかってこのような青年期の人が精神的に苦しんでいる病院で心理臨床の仕事をしていたので，深刻な映画であるにもかかわらず，どこか懐かしい感じでこの映画を見ていた。

　この映画の中で主人公はセラピストや看護師の助けを得て，うまく立ち直っていく。同じ患者の仲間だったリサ（ジョリー）は自己愛の病理の典型的な姿を示している難しい人である。リサは薬物依存症の治療のために入院している。しかし，このタイプの人によくあるように，さまざまな行動化で病院を悩ませる。また，仲間を巻き込んで病院の中でいろいろな騒動を起こす。

　あるとき患者たちを誘って，夜中に医師の診察室に侵入し，患者のカルテを引っ張り出してみたり（これが映画の日本題名になっている），無断で脱院したりする。また，同僚の患者が退院してようやく一人住まいを始めると，そこに出かけていって，彼女の弱点を暴き，自殺に追い込んでしまう。そして自分が自殺に追い込んだというより，死んだ彼女が弱いのだから仕方ないのだと信じている。自分の興味や欲望で動き，他のひとがそれを認めないと，許せないといって攻撃したり，怒りをぶっつけたりする。どこまでが正常でどこまでが異常なのか，思春期の自己愛の病理の難しさや不安定さがよく描かれている。

　自己愛の病理が進むと，自分の欲望のために他人を利用したり，巻き込んだり，攻撃的になったり，心の寂しさや空しさを紛らわすために，性的な関係を頻繁に求めたり，薬物を乱用したり，また心の苦しみから逃れようとしてアルコール依存になったりとさまざまな難しさに直面することになる。

　病理の深い自己愛は，私たちにとって本当に難しい問題である。

第2節 自己愛の障害の状態像

　この節では，自己愛の障害を「尊大で自己顕示的なタイプ」と「過敏で傷つきやすいタイプ」に分け，それぞれの状態像を紹介する。これは，ギャバード（Gabbard, 1989）に代表される考え方，つまり自己愛性人格は2つの異なる典型的タイプを両極とする連続体であると考える立場に沿ったものである。ただし，以下の説明は，それぞれのタイプの特徴を純粋化した形で述べたものであり，実際の事例をみるときには両方のタイプの特徴を同時に念頭において考えるほうがよいであろう。ギャバード（Gabbard, 1994）も述べているように，実際の事例においては，両者の特徴がさまざまな割合で混在していることが多いからである。

1　尊大で自己顕示的なタイプの状態像

　このタイプは，「いわゆるナルシスト」として思い描かれる人々のありようとほぼ一致する自己愛の障害の典型的タイプである。日本ではこのタイプは欧米諸国ほど多くないといわれ，むしろアメリカで近年注目されるようになった「過敏で傷つきやすいタイプ」の方が多いと考えられている。しかし，「ナルシスト」と言われるとたいていの日本人でも容易にイメージを思い浮かべやすいように，臨床や教育の現場では案外多く出会っているものである。あるいは，彼らがパワフルで目立つため，大きな影響を与えるということもあるだろう。一方で，誇張されたイメージが先行して，これまでの研究が明らかにしてきた

自己愛障害の人格病理とは異なる部分が混入してとらえられているところもある。DSM-Ⅳ（American Psychiatric Association, 1994）や，DSMに人格障害の分類の基本軸を与えたミロン（Millon, 1981 ; Millon & Davis, 1996）のパーソナリティ理論を中心にその特徴を描き，不適応－適応の諸相に触れてみたい。

❶── 特徴の素描

　最初に注意しておきたいことがある。DSMや諸々の臨床的人格理論が必ず言及していることであるが，人格障害として認められるのは成人期早期からだということである。つまり，それ以前の段階では人格構造の可変性・柔軟性があるために，顕著な行動的特徴があるにしてもそれを人格全体の固定化された障害とはみなさない。青少年期の若者は，おしなべて非常に自己愛的である。そのことがすぐに障害だとはいえない。発達上必然的な自己愛の高まりもある。そのような一過的な状態と，障害と呼びうる構造的特徴が混在しているのが現実の青少年であろう。しかし，ここでは，そのことをふまえつつ，ナルシストの人物像を明瞭にしていくために，あえてDSM-Ⅳにあげられた特徴を軸にして人物像を描き出してみる。

　ナルシストを特徴づけるものとしてだれしも思い浮かべるのは，ナルキッソスの神話に示されている自己陶酔の感覚であろう。彼らは，自分が一番秀でている，一番強い，一番知的である，一番美しい，などの信念を強くもち，そうであることを思い浮かべて酔いしれる。それはまるで，美点のみを過剰に映し出す鏡に囲まれて生きているかのごとくであり，別の日本語でいえばまさに「自惚れ」なのである。自分の優れた部分を過大評価するこの誇大性がナルシストの中核にある。当然，その自己概念の多くは非現実的である。いや，単に非現実的という言葉では形容しつくせない。自分に関する彼らの空想は，万能感に満ち，極端に理想的で，莫大で，妥協の余地がない。空想は，成功，権力，名声，才気，美しさ，理想的な愛，性的支配などの領域においてみられるが，いずれにしても彼らはそれらに耽溺する。「プロ野球（最近ではメジャーリーグだろうか）の選手として一流をきわめる」，「芸能人（あるいは芸術家）として成功を収める」，「一流大学に入る」，「日本じゃだめだから外国で活躍する」などの空想に出会うことが多い。しかし現実的アクションがそれなりに伴って

いたとしても，その強烈な恍惚感に対して聞いている側がつい恥ずかしくなってきて，しまいにはいらいらして反論してしまうことになるかもしれない。「もう少し現実に目を向けたらどうですか。あなたはそこまで素晴らしい人ってわけじゃないですよ！」と。しかし，彼らは自分が「特別」で独特な存在だと信じているのである。そこで彼らは言い返してくるかもしれない。「あなたには私のすごさがわからない。でも○○では認められているんだ」,「○○だったら評価してくれるに違いありません。だって，あなたと違って一流ですから」と。想像するだけでもいらいらしてくるであろう。この周囲に対する軽蔑の感覚は，自分についての特権者意識と結びついて彼らの尊大さを際だたせる。

　このように，彼らの誇大性は自分のなかでの空想においてはなはだしいだけでなく，行動面や対人関係面でも顕著に現れる。自己顕示的なふるまいは最大の特徴であろう。自分の身体，能力，才能，業績，持ち物に関することはもちろん，果てはささいなことでも自慢のネタになる。「すごいだろ？」,「すごいでしょ！」と目を輝かせて相手の反応を終始敏感にじっと見つめている姿に，最初のうちは付き合ってはみるものの，はしたなく遠慮のない自己顕示が果てしなく続くうちに，聞いている側は途中からあきれてあいづちを打つのをやめてしまうだろう。こちらをじっと見ているようでいて，じつはこちらの姿が見えていないことがわかると空しさを覚える。目立つことで人気者になりたいというよりは，見せびらかして賞賛を受けたい欲求が強大で，自分のなかの空想そのままに現実の人間からも賞賛を期待しているのである。人がどう思おうと自分は偉く，周囲は彼らの偉大さを賞賛する家来なのである。当然,「勘違いしている」と非難されるか，少なくとも違和感をもたれることになる。また，自分の要求に相手が従ってくれるのは当然だと思っており，理不尽なことを過剰に要求してくることも多い。虫の良い話をじつにしばしばしてくるため，たいへん厚かましく思える。しかし，そのような要求に対して，周囲は結局折れて応えてやることが多く，さまざまに搾取されることになる。ものごとのとらえ方は非常に自己中心的で，特に他者の感情を理解すること，共感することが苦手である。冷淡であるとさえいえる。他者が彼らの自己中心性を非難したりすると,「あの人たちは，私の能力に嫉妬している」と考えたりする。少なくとも表面上，彼らの優越感は揺るぎないものに見える。

これまでに述べてきたことはやや誇張した描写であるが，ナルシストと周囲の反応の特徴をとらえられたことと思う。次章で詳しく検討されることになるが，その優越感のために，相手をしているこちらが見下されているように感じてイライラしてきたり，辟易(へきえき)としてきたりしやすいということが，対応の際の大きな障壁となる。ここでは，そのような尊大さの裏に，現実の世界に住むことができず空想の世界に浸りこむことしかできない虚しさが潜んでいることを指摘しておきたい。しかし，同時に，ナルシストたちは独立的でもある。これまで指摘してきたように，彼らは周囲の評価に動じることがない。それはかたくなさともいえるが，その強さは同時に資源でもある。その特性が資源とうまくかみ合えば，適応的に機能していく可能性もないわけではない。

2 ── 類似の人格との比較

　自己愛性人格の特徴をさらに明確にしておくために，類似する他のタイプと簡単に比較しておこう（Millon, 1981；Millon & Davis, 1996 を参照）。境界性人格など，より重篤な障害との相違については，前節で触れられているので，ここでは演技性人格と反社会性人格を見ておく。目立つという点では，自己愛性人格は演技性人格と類似しているのだが，演技性人格においては，人の注目を引くための情緒たっぷりなわざとらしさ，浅はかさ，性的などぎつさが特徴的である。また，演技性人格は，他者の注目がなければ安心していられないという点では依存性人格とつながりがあり，「人がどう思おうと平気」という自己愛性人格とは大きく異なっている。一方，独立的で他者を支配して自分を優先するという点で，自己愛性人格は反社会性人格と類似しているようであるが，反社会性人格では，「こちらがやらなければ向こうにやられる」，「生き残るためには何をしてもよい」という現実主義，世俗主義，攻撃的態度が主たる特徴である。そして，その基底には，他者に対する不信感を見いだすことができる。

3 ── 能力とのかかわり

　自己愛の障害を詳しく見ていく際に問題となることの1つは，その人の現実的能力である。たとえば，先に記述したような将来に関する夢は，だれもが一時期もつようなものでもある。それがきわめて空想的なものであったとしても，

ある時期の子どもには成長を促進し,自己評価を高める働きをすることがある。しかし,思春期・青年期になると,空想と将来像は区別されなければならなくなる。すなわち能力の自己査定とそれに基づいた努力が求められるようになる。そこで,以下の2つのことが障害となってくる可能性がある。

1つは,実際の能力とのアンバランスが大きいにもかかわらず,現実的追求をしようとせず,空想に浸ることの問題である。これは,現実的問題や周囲との情緒的つながりから隔絶されたところで病理的な自己愛を助長する。その結果,社会的孤立が深まるが,ひきこもるという方向ではなく,超然とした態度をいっそう硬化させることになる。

もう1つは,能力に恵まれている自己愛性人格の場合に,誇大空想と現実との境目を見失いやすくなるという問題である。一流と呼ばれる部類の人には不可避的にこの問題が生じる。障害という視点から見るなら,人格の脆弱性を能力の発揮によってカバーしていこうとすること自体は健康な営みであるといえるが,それが社会的にも成功を収めてしまうために傲慢さや尊大さが増長してしまう。たとえ小さな集団であっても,このような人がなにがしかの権力をもつようになったときに,周囲を支配し,搾取的関係をつくり上げていくことが問題であろう。周囲はそのナルシストの要求を不合理だと感じ,服従したくないのだが,実力者であるために異議申し立てをしづらい。また,このような人から能力のなさを責められたとき,「実際そうだから」と感じて劣等感にさいなまれ,服従しなければならなくなる。このような人がグループ全体に与える影響力は多大である。教育臨床的視点から見れば,このような傾向が自己愛の障害を見えにくくさせ,当人の人格的な成長可能性を狭めてしまうということが問題となる。ついでにいえば,尊大-自己顕示的なタイプではないが,学校のなかにあって一見熱心に取り組み優秀な成果を収めている青少年のなかには,業績の影に自己のもろさが隠されている人がおり,周囲もそれに気づかない場合がある。優秀な子どもがカルト集団に所属して周囲を驚かせることがあるが,カルト集団は個々人の誇大空想を満たすだけの強力な理想や価値観を提供するため,彼らには非常に魅力的に映るのである。このように,自己愛の障害をていねいに見ていくためには,表面上のことだけでなく,より詳細にその人の自己のあり方を検討していく必要があるだろう。

4 ── 自己愛性人格の適応型

　これまでナルシストのネガティブな特徴を強調する形で紹介してきたが、そのようなナルシストも環境とうまく噛み合えば、非常に適応的で魅力的な人物として周囲に評価される。ナルシストの別の側面を眺めてみよう。

　先ほども指摘したが、誇大的な空想はしばしば強い達成動機として働き、素晴らしいパフォーマンスへと導く。多少能力的に劣る部分があったとしても、その不屈の動機によって行われる日々の営為は、青少年の能力を確実に高めるであろうし、その姿勢そのものが心の力を鍛える営みとなる。また、その達成や向上によって自分自身が満足を得やすくなる。そして、それは周囲からの尊敬を引き出し、それが彼らの自己愛を大いに満足させるものとなる。

　個人のパフォーマンスに限ったことではない。尊敬されるような彼（女）の特性はリーダーとしての資質といえる。また、その誇大的な空想が個人的なレベルにとどまらず、所属するグループに向けられるなら、グループに高揚感を伴った凝集感覚と目標を提供することになる。さらに、先述した通り、彼（女）は独立的で揺るがない。人の顔色をうかがうことなく、明瞭な自己主張をすることができるということは、グループの利益を守り、メンバーの連帯感を維持していくための重要な要素である。団体競技を行う部活動においてこういう生徒がいれば、その部は確実にレベルアップするであろう。高い目標を掲げ、絶対に達成できるという確信をもって（しばしばそれは「大風呂敷」であるかもしれないが）、自らも努力し、競争相手に対してだけでなく、抵抗するメンバーや圧迫する教師たちにも屈することなく自己主張できるリーダーがいれば、他メンバーの所属感、活動への熱狂は高まるであろう。むろんそのためにはある程度以上の他者への配慮が必要ではある。筆者の知るある高校の部活動にこのタイプのリーダーがいて、部員たちの熱狂が非常に高まっていったことがあった。彼は、学業面では全体的に低迷していたものの、得意分野に関してはだれにも引けを取らない自信をもっていた。部活動ではいつも断定的で、ことあるごとに自分の技術を見せびらかし、いつも大風呂敷を広げていた。しかし、尊大な態度を不必要に部内で見せることはなく、後輩たちの面倒をじつに細やかに見ており、むしろ部の外側に向けて尊大な態度を取っていた。その強気な姿勢が部員たちを魅了し、部に対する誇りを感じさせた。そして、そのリーダ

ーを尊敬と信頼のまなざしで見つめ，リーダーの要求を忠実に実行し，さらには部員一人ひとりが自主的に練習しようと思うようになっていったのである。彼はまちがいなくナルシストであったが，情緒的絆をもつ能力があったために，適応的な関係と活動が営めたのである（顧問の教師は，軽蔑されてたいへんであったが）。そうでなければ，部の活動水準は高まるにしても，専制的・独善的な団体になってしまっていただろう。

5 ── 一般化しつつあるナルシスト

ここまで自己愛の障害の典型的特徴に焦点を当てて述べてきたが，最近目に付くのは「普通の」青少年がとる独特の自己愛的態度である。すなわち，個々人は独自性を求めながらも，それを表に出して突出してしまうことを嫌い，軋轢(れき)を避ける形で自分の殻にこもってしまうやり方である（和田，1999 参照）。外から見るとそれなりに調和的なのであるが，じつは個々人は未熟で，要求がましい。そして，それをぶつけ合わずに対人関係を希薄化させている。それぞれが万能的空想に浸りこむ一方で，同類が集まれば外部の他者に対してひどく独善的になる。これでは覇気を出し，自己をみがいていけるはずもない。そのような自己愛の狭猥(きょうわい)なありさまは，自己愛性人格の典型的特徴を示す青少年と無関係というわけではなく，いじめやひきこもりの土壌として一般的に拡大しているように思われる。

2　過敏で傷つきやすいタイプの状態像

自己愛の障害のうち，過敏で傷つきやすいタイプ（以下，過敏型と略記）は，自己愛の障害に含まれる誇大性と脆弱(ぜいじゃく)性の両面のうちで，脆弱性の方が優勢なパーソナリティである。

過敏型の人の主な特徴は，低い自己評価，他者からの評価に対する敏感さ，恥の感じやすさ，人前に出ることを避ける傾向である（Gabbard, 1989；Broucek, 1991；岡野，1998）。具体的な臨床像の特徴としては，自分に自信がない，恥ずかしがり屋，引っ込み思案，人目を気にする，他者が自分のことをどのように評価しているかが気になる，他者からの批判に敏感で傷つきやすい，

気分が落ち込みやすい，といったことがあげられる。

以下に，過敏型のパーソナリティの特徴を，**1**自己イメージの特徴，**2**対人関係の特徴，**3**情緒面の特徴，**4**行動面の特徴という視点に分け，尊大で自己顕示的なタイプ（以下，尊大型と略記）との異同を適宜示しながら説明したい。

1 ── 自己イメージの特徴

(a) 低い自己評価

過敏型の人の際だった特徴の1つが，自信のなさである。「自分に自信がもてない」，「自分には能力がない」，「自分には魅力がない」，「自分はだれの役にも立たない」，「自分はだれからも愛されない」，「自分には存在する価値がない」，といった思いに悩み苦しんでいる場合が多い。過敏型の人の意識的な自己イメージは，第三者の目から見たその人の姿よりも，矮小化され，価値を切り下げられたものである。そのような矮小化された，実際の姿よりも過小評価された自己イメージを抱き，過敏型の人は低い自己評価と自尊心の低下に苦しんでいることが多い。

過敏型の人が語る自己イメージに耳を傾けると，なぜそれほどと不思議に思われるほど，卑下された否定的な自己イメージが語られることが多い。そのことから，過敏型の人が抱いている自己イメージと第三者の目に映る姿とが大きくずれていることに気づかされる。過敏型の人にとっては，自分のふるまいや努力の結果をありのままに受け止めることも，ましてや肯定的に評価することも難しい。第三者から見ればほどほどにうまくできていることでも，本人自身には，失敗だと感じられたり，無意味なことと感じられたりする。あたかも，自分自身についてのあらゆる経験が，レンズを通して歪められるかのように，否定的な色彩を帯びてしまうのである。

自分については実際以上に価値を低く見積もる一方で，過敏型の人は，自分にとって重要な他者については，実際以上に理想化する傾向がある。自分にとって大切な親や，同胞や，教師や，先輩や，友人や，恋人の魅力や能力を過大視する傾向がある。そうして，そのように理想化され過大評価された重要な他者を前にして，いっそう自分自身をみすぼらしく感じるのである。

いったいなぜ、過敏型の人はこのように低い自己評価を抱き、等身大の自己イメージをもつことができないのだろうか。それを理解するためには、脆弱性の背景にある誇大性の障害に目を向ける必要がある。

(b) 無意識的な誇大的自己イメージ

自己愛の障害の中核にあるのは、自己イメージの障害である。自己愛に障害を抱える人がもっている無意識的な自己イメージは、多くの場合、幼児期にその起源をもつ、万能感に彩られた誇大なものである。この誇大な自己イメージと実際の自分の姿との間の大きなギャップが、彼らの心理的苦痛の源泉である。つまり、誇大で理想化された自己イメージと比較すると、現実の自分の姿はみすぼらしく劣ったものに感じられ、さまざまな情緒的苦痛を引き起こすのである。

この心理的苦痛をしずめるためには、誇大な自己イメージと現実の自己像との間のギャップを埋めていく必要がある。そのための最も堅実で安定したやり方は、誇大な自己イメージの方を現実の自己像に近いものへと徐々に修正していくことである。実際これが、健康な自己愛の成熟の過程で生じていることだと考えられている。これに対して、過敏型の人は、成長の過程において、誇大な自己イメージをより現実的な方向へと修正できないままでいるのだと考えられる。その結果、理想と現実とのギャップはなかなか縮まらず、理想との対比で現実の自分の姿は実際以上にみすぼらしく感じられてしまうのである。

尊大型の人と異なり、過敏型の人においては、この誇大性の側面は背景に退いており、露骨な目立つ形で表に現れてくることは少ない。しかし、自分が抱いている理想への強いこだわりという形で、間接的に姿を現すケースは多い。それは、たとえば、低い自己評価とは不つり合いなくらい、実現の難しい高い目標にこだわり続けるといった例である。自信のなさに苦しみながらも、いつか何とかなるのではないかと、自分の誇大な理想や夢が実現する希望をどこかでもち続けているのである。また、ふだんは非常に控えめな過敏型の人が、心理的に追い詰められた状況に陥ったときに、突然、いつものその人からは想像もできないような無謀としか思えない大胆な行動に出るケースなども、このような背景に隠れている誇大性の現れとして理解できる。

誇大性の間接的な現れの別の例として、過敏型の人が自分の無力感や傷つき

やすさを訴えるそのやり方が、自己陶酔的なニュアンスを伴って聞こえてくる場合がある。そこでは、苦渋に満ちた自虐的な言動の背後に、どこかで自分を特別視している態度がうかがわれるのである。

2 ── 対人関係の特徴
(a) 他者からの評価に対する敏感さ

比較的健康な自己愛のもち主は、現実的で安定した自己イメージと他者イメージを獲得しており、自分について適度に内省を行い、自分の長所を認めたり、自分の欠点を見つめたり、自分を慰めたり励ましたりすることができる。ところが、先にも説明したように、過敏型の人にとっては、これがたいへん難しい。現実と冷静に向き合い、自分を肯定的に受け止めるためには、他者からの支えを必要とするのである。

過敏型の人が必要としており、強く求めている他者からの支えとは、自分に対する基本的に無条件の肯定的な反応である。反対に、非常に恐れるのが、自分に対する無関心および否定的な反応である。そのため、過敏型の人は、周囲の他者が自分のことをどのように評価しているのか、自分に対してどのような反応をするのかをたいへん気にかけている。自分の発言や行動、ふるまい方が他者からどのように見られ、他者によってどのように受け取られるかをとても気にしており、少しでも拒絶的な反応が返ってくることを、非常に恐れている。他者から肯定的に評価されたい、暖かく受け入れられたいと切望すると同時に、自分が無価値であると見抜かれるのではないか、自分が欠点だと感じている部分が露見するのではないかと強い不安を感じる。これが、過敏型の人が抱える中核的な対人葛藤の基本パターンである。このような葛藤を抱え、過敏型の人は、相手が自分を肯定するか否定するかを感じ取る敏感さを発達させていく。そして、少しでも否定や拒絶に出会ったり、その気配を感じたりすると、すばやくその人間関係から退避して、自分を傷つきから守ろうとするのである。

また、過敏型の人は、相手が自分を肯定してくれていると感じる場合でも、それが自分の存在すべてに対する無条件の肯定なのか、部分的な条件付きの肯定なのかを敏感に感じ分けようとする場合が少なくない。その結果、相手は自分の存在や言動のどの部分を肯定してくれたのかを探り、相手の「期待」に

応え続けようと必死の努力を続けるといった対人関係のもち方になることもある。それは時に，他者に対する極端に卑屈で迎合的な態度として現れてくる。そうした対人関係を積み重ねる結果，「人前に出ると自分がなくなる」という感覚に苦しむようになる場合も生じてくる。

(b) 他者に対する共感性の乏しさ

過敏型の人は，対人関係には敏感である反面，他者に対する共感性は乏しい場合が多い。過敏型の人自身は，その対人関係への敏感さのために，「自分は人の気持ちがよくわかる」と思っていることが少なくない。しかし，過敏型の人が示す他者に対する感受性の高さは，共感性の豊かさとは異なる性質のものなのである。

本来の意味での共感性の豊かさは，相手の視点に立ち，相手の立場を尊重する態度と相手に対する思いやりの気持ちに裏打ちされている。ところが，過敏型の人の示す他者への敏感さは，もっぱら，相手の自分に対する態度・評価のみに限定される。したがって，相手との関係のなかで，相手が自分にどのような関心を向けているかについては敏感であっても，それ以外の面では，むしろ他者の気持ちに鈍感であることが多いのである。

3 ── 情緒面の特徴

(a) 気持ちの傷つきやすさ

過敏型の人の際だった特徴の1つは，いちじるしく気持ちが傷つきやすいことである。比較的健康な自己愛のもち主であれば，それほどこだわりを覚えないような出来事であっても，過敏型の人にとっては，深刻な気持ちの傷つきに結びつくことがある。

対人関係において，他者からの否定的な評価や反応の乏しさに出会うと，過敏型の人の気持ちは大きく傷つき，自分の存在を揺るがされるような心理的な打撃を経験する。また，自分が思い描くように行動できなかったり，到達すべきだと考えている目標に届かなかったと感じたりするときにも，大きな気持ちの傷つきを覚える。たとえそれが，第三者から見ればうまくできていることであっても，日常的に不可避なささいなミスや失敗であっても，過敏型の人は深い気持ちの傷つきを経験しがちである。そして，このような気持ちの傷つきに

は，次に述べるように，恥や抑うつといった苦痛な情緒的反応が伴うのである。

  (b) 恥の感じやすさ

　過敏型の人は，気持ちの傷つきに対して強い恥意識で反応しやすい。恥意識は，自己愛の障害との関連が非常に深い情緒なのである（Morrison, 1989；Jacoby, 1991；鑪, 1998；岡野, 1998）。

　恥意識の特徴は，自分の存在全体を巻き込む，その身を焦がすような痛烈さにある。それは，いたたまれなさの強い，堪え忍ぶのが非常に難しい感情である。恥意識に包まれるとき，一刻も早くその場から逃げ出したい，消えてなくなりたいという切迫した気持ちが生まれる。恥意識には，自分は他者よりも劣っているという劣等意識が伴っており，そこには，解消の困難な悔しさや，情けなさや，怒りなどの苦痛な感情が入り混じっている。

　恥意識のもう1つの特徴は，自分の意思に反して，見られたくない自分の姿が人前にさらされているという感覚にある。多くの場合，そこには屈辱感が伴っており，自分にそのような思いをさせていると感じられている他者に対して，つまり，自分に恥をかかせている他者に対して，強い怒りが潜在的に秘められているのである（北山, 1981）。

　また，多くの場合，恥意識には抑うつ感が伴う。罪悪感に起源をもつ抑うつ感が，相手を傷つけてしまったという後悔の思いと関連が深いのに対して，恥意識に伴う抑うつ感は，自分が無力である，あるいは無価値であるという思いと強く結びついている点に特徴がある。

　時には，恥ずかしいという思いがほとんど意識されず，抑うつ感だけが強く意識される場合がある。しかし，このような場合でも，過敏型の人の訴える抑うつ感の背景には，十分には意識されていない恥意識が隠れていることが多いということを忘れずに頭においておく方がよいだろう。

4 ── 行動面の特徴

　こうした気持ちの傷つきや，苦痛な情緒から身を守るために過敏型の人が動員する防衛手段は，自分が過去に傷ついた場面や人間関係を避けることである。一般に過敏型の人は引っ込み思案で，人前に立つことを避ける傾向が強いが，そこにはこのような防衛的な意味が秘められている。

第2節 ■ 自己愛の障害の状態像

　他者から肯定的に受け止められることを強く望みながらも，気持ちの傷つきから受けるダメージがあまりに大きいために，過敏型の人は過去の傷つきを思い起こさせる場面や連想させる場面を避けるようになる。そしてこのような回避的傾向は，傷つきに直接関連した場面や対人関係だけでなく，対人関係全般にまで広がるケースもある。たとえば，特定の友人との関係で傷つきを経験したことを契機に友人関係全般を避けるようになるとか，特定の授業場面で失敗をしたことを契機に登校できなくなるといった例である。
　このような回避行動は，傷つきを恐れ，恥を経験することに対する不安から引き起こされる行動だと理解できる。このような行動傾向は，たとえばカウンセリングなどの面接場面においては，クライエントが自分の経験や感情について話すことに対する強い抵抗として現れてくる。

　以上，過敏で傷つきやすいタイプの状態像について述べてきた。その一見したところ傷つきやすくひきこもりがちな状態像の背景に，誇大な自己イメージと，他者に認められ受け入れられたいという切望が隠れていることを理解しておくことが重要であることを，最後に改めて指摘しておきたい。

第3節 さまざまな心の病理と自己愛の障害

1 抑うつ・悲哀と自己愛の障害

1 ── 落下の様態としての「抑うつ」

　抑うつや躁状態は「気分障害」と総称される。一般的に自己の状態をしばしば「気分」（mood）が良いとか、悪いとか表現する。今、ここでの自己体験の底流に感じられる生命感覚が気分である。その気分の根本的な様式が浮き浮きした気分と沈んだ気分の2つであろう。浮き浮きした気分とは心身の上昇の感覚であり、沈んだ気分とは心の下降、ないしは落下の感覚である。ことに後者の生命感覚はいろいろな言葉で表現される。落ち込む、ブルーな気分、憂うつ、気が重い、等々。沈んだ気分には大きな程度の差があり、ごく軽い落ち込みから、軽症うつ病、そして深刻な大うつ病まで、多様なスペクトラムがある。抑うつのスペクトラムといっても、落ち込みの程度に関する量的な差だけではなく、質的な差もみられる。専門家が抑うつというときには、落ち込んだ悲哀を指すだけでなく、興味の喪失や自尊心の低下、不眠や食欲減退など、さまざまの症状をまとめて意味する言葉として用いている。そして、うつ病の場合には「脳の心身症」といわれるように、神経伝達物質などの生物学的要因の問題が明確に指摘されている。したがって三環系抗うつ薬やSSRIなどの抗うつ剤の投与が第一の処方箋となる。なお、もう1つの主要なマイナスの気分は不安であり、不安は危険予知の感覚といってもよい。不安は沈んだ気分以上に心身の健康を損なう因子となりうるが、精神医学的診断では気分障害には属してい

ない。不安と抑うつはしばしば重なり合って体験され，峻別することは困難である。

2──大うつ病の症状と診断基準

　米国の精神医学の診断マニュアルであるDSM-Ⅳの「気分障害」の項には大うつ病（major depression）と双極性障害（bipolar disorder）が大きく区分されている。前者は一般に「うつ病」と呼ばれ，後者は「躁うつ病」と呼称されてきた。典型的なうつ病の人の体験は以下のようである。

　「最近，1か月くらい体も気分もともに重くて，いつも疲労感や倦怠感がある。以前のようなやる気やものごとへの興味がなくなり，好きなこともできなくなった。テレビもまったくおもしろくなくなった。何をするのも途方もなくたいへんなことのように思える。友達とも話したくない。食欲もなくなり，寝つきも悪くなった。そして，自分は『何の役にも立たない駄目人間』のように感じる。人生は無味乾燥に感じられ，自分を責める気持ちや絶望感が心を占領し，『死んでしまいたい』という思いがくり返し出てくる」。

　このような抑うつ体験をDSM-Ⅳの診断基準に沿って整理してみると，次のようになる。まず，主観的体験として，①悲哀感や抑うつ気分がある。そして，②何をするにも興味やおもしろさの感覚が失われる。この2つが両方いっしょに経験されることもあれば，どちらか一方だけが強く感じられることもある。次に，③抑うつのために動けなくなったり，逆にイライラとした焦燥感でじっとしていられなくなったりすることもある。さらに④注意の集中が困難になったり，優柔不断になったりしがちである。⑤自分が無価値に思えたり，自分を責めたりすることがしばしば生じる。⑥自殺念慮が強くなる。

　身体的な徴候としては，⑦活力が低下し，ひどい疲れや倦怠感を感じる。また，⑧睡眠にトラブルが生じ，寝つきが悪くなったり，眠りが浅く何度も目が覚めたりする傾向がある。⑨食欲も減退し，食べても美味しくない。

　これらの9つの徴候の内で5つ以上が存在し，かつ少なくとも2週間以上持続すると大うつ病と診断される。

　典型的なうつ病は成人期に最も高頻度で発病し，生涯有病率は10％〜20％と推定される。一回の「うつ」の期間は短い時で数か月，長い場合は数年に及

ぶ。成人期のみならず，青年期にも抑うつはしばしば顕在化する。一部の不登校や摂食障害などにも抑うつ症状は随伴するし，対人関係での挫折や失恋を契機にして抑うつに陥ることもめずらしくない。したがって抑うつは非常に普遍的な心身のトラブルであるといえる。ここでは疾患としての大うつ病ではなく，広義の抑うつ状態を視野におきながら，本書のテーマである自己愛との関連で抑うつの問題を考えてみたいと思う。

３── 喪失と抑うつ

　一般に，期待が裏切られたり，大切な何かを喪失したりすると，気分が落ち込む。このような事態は，大多数の人が経験することである。フロイト（Freud, 1917）の「悲哀とメランコリー」の論文以降，喪失経験と抑うつには何らかの関連性があることが指摘されてきた。アリエティとベムポード（Arieti & Bemporad, 1978）は「抑うつは，人が自己の満足のいく状態にとって必要な人生の要素を奪われた，あるいは喪失したときに生じる複雑な感情である」ととらえている。その際に奪われ，喪失し，壊れる対象は，自己の心理的安定や自尊心を支えてきた何かである。たとえば，①大切な人との死別や離別・失恋，②なじんだ生活様式や環境の崩壊，③期待や夢・野心などの目標の挫折などが，しばしば抑うつの発生の契機となる。

　とりわけ自己愛の強い人にとっては，「自己の満足のいく状態にとって必要な人生の要素」とは自己愛的な幻想（illusion）である。またその幻想を支える評価的・支持的な環境である。この環境がなくなったり，現実検討によって思い込みが破綻したりする時に抑うつ状態に陥ることが少なくない。１つの事例を示してみよう。

> 【事例】Ａさんは小さな町の医者の長女として生まれた。母親も華やかで町の役職をいくつも務めていた。そうした背景も影響してか，外向的で母親似の美人のＡさんは周囲から何かと特別扱いされてきた。彼女のまわりにはちやほやしてくれる取り巻きの仲間がいた。成績も上位だった。こうして高校時代までは，彼女のプライドは満たされ，やや情緒が不安定ではあったが，大きな問題もなく過ぎていった。
> 　しかし，東京の名門の私立女子大に入学すると，彼女の背景を知るものはなく，周囲は「お嬢様」もたくさんいて，一人の学生に過ぎなくなってしまった。今はもう自己愛を満たす取り巻きもなく，学習成績でも目立つ存在ではなくなった。やがて，寂しさや空虚感が心に忍び寄り，

その気持ちを表現することもできず、人を避けるようになった。そして、まわりの人が自分に意地悪をしているとか、冷たくしていると思え、周囲に対する怒りやおびえも強くなっていった。

　高校時代までのように自己愛的な幻想の中で生きていける限り、Aさんは調子よくやっていけるが、自己愛を満たす環境と他者がいなくなった時に、自分一人では自信や有能感をもつことが難しくなったのである。そして、友達や異性は「個」としての独立性をもった人として認知しているというよりも、自分の自尊心を支え、賞賛し、完璧に共感してくれる人でないと意味をもたないようであった。

　Aさんの自尊心（誇大的自己像を含む）を支える環境を「自己対象環境」(selfobject environment) と呼ぶことができる。そして、厳密にいえば、この場合の自己対象は未熟あるいは病理的な自己対象ということができる。ところが、実際には自己対象環境が支えてくれていても、Aさんは環境や他者に深く依存していることにはあまり気づいていないのである。それらが失われたとき、空虚感や抑うつが生起し、その心底には強い怒りの感情が醸成されていることが少なくない。一般的に見て、自己愛傾向の強い人は思い込みや誇大的自己像を維持しようとする傾向が強く、その幻想が傷つけられると激しい失意や怒りの状態に陥りやすい。その意味で抑うつや見捨てられ感に襲われやすいといえる。

4 ── 自己対象の喪失

　Aさんの事例で示唆したように、「必要な人生の要素」は、自己愛の供給源である「自己対象」(selfobject) である。いわゆる抑うつの契機が「対象喪失」に由来するというより、「自己対象喪失」のゆえであると規定した方が実際の経験により近いであろう（山本, 1998）。すでに前の諸章で論究されているように、自己対象とは自己の延長であり、自己の分身である。自己対象は自分を照らし返す役割を担い、自分の要求を叶えてくれる存在としてある。再び、Aさんの事例に戻ろう。

【事例】Aさんが落ち込む引き金となったのは、親友のBさんとのトラブルだった。Bさんは優しくて、大人しい人で、同郷のよしみもあって、一番の親友としてつきあっていた。自分のためなら何でもしてくれて、情緒不安定になった時も親身になって話を聴いてくれる存在だっ

た。だから，講義も食事もいつもいっしょに行動していた。そしてイニシャティブをとるのはいつもAさんの方だった。AさんにとってBさんは一心同体の存在だった。
　ところが前期も終わり，夏季休暇の間にBさんには彼氏ができた。後期になると，これまでのようにAさんに調子をあわせて，付き人のようにふるまう自分に耐えられなくなった。そしてわがままで，支配的で，嫉妬深いAさんと距離をおきたくなった。彼氏といると，ありのままの自分を自然に出せて，安心していられる。その結果，言い争いの後，友達関係を解消したのである。

　AさんはBさんを自分のファンであり家来であるかのように認知していたが，気がつくとBさんにも独自の感情があり，自分とは異なる意志と価値観を表明する存在だということがわかった。ある意味で，それは裏切りであり，深い失意をもたらしたのである。自己愛的な関係とは相手の主体性を否認する一方的な関係でもある。相互に自己対象の役割をとるのは自然であるが，一方的に自己対象の役割を相手に期待するのは関係を破壊的に導くリスクがきわめて高い。

5 ── 見捨てられ抑うつ

　自己愛的な課題を有する人といっしょにいると自分を表現しにくくなる。その相手の期待やニーズに沿って動かないと相手の機嫌が悪くなるので，自己を守るために相手に合わせざるをえない。そのため相手に心理的に拘束される感じがする。自己愛の課題をもつ人は周囲の同調や賞賛によって，自己愛が満たされている間はよいが，相手が独自の意志と感情をもった存在として，イニシャティブを発揮し始めると，それが傷つきや喪失体験となる。
　その極端な例が「見捨てられ抑うつ」である。見捨てられ抑うつは自分が見捨てられるという強い不安とそれに伴う抑うつを基本としている。その不安のために相手にしがみつき，愛を乞い，過剰に要求をする。そのために相手が距離をおくと，当然不安が増大し，しがみつきが激しくなる。その結果，実際の離別を招くことが少なくない。「見捨てられる」不安を投影し，執拗に愛を確認し，過度に要求するという行動がくり返される経過によって，皮肉にも予期不安の実現へと無意識的に自己誘導してしまうという対人パターンである。
　見捨てられ抑うつには強い空虚感や無力感があり，それを満たす意味で相手に「愛と賞賛，そしてケア」を過剰に要求する傾向がある。愛と賞賛，ケアが

教育学―教科教育,生徒指導・生活指導,教育相談,等

ケアする心を育む道徳教育
伝統的な倫理学を超えて
林　泰成　編著
A5判　224頁　2400円

N・ノディングズの「ケアリング」の概念を解説したうえでその概念を応用した授業実践例を挙げ，関係性の構築による心情面の育成に力点をおいた道徳教育のありかたを呈示。

続 道徳教育はこうすればおもしろい
コールバーグ理論の発展とモラルジレンマ授業
荒木紀幸　編著
A5判　282頁　2400円

大好評の前作より10年。この間，おおいに注目され，高い評価を得てきたコールバーグ理論に基づく道徳授業実践の，現段階での成果と今後の可能性についての集大成。

道徳的判断力をどう高めるか
コールバーグ理論における道徳教育の展開
櫻井育夫　著
A5判　286頁　3000円

道徳性発達理論とアイゼンバーグの向社会性発達理論を中心に，認知発達理論を実際の道徳授業と関連させながら説明し，理論に基づいた具体的な授業展開の仕方も紹介。

生きる力が育つ生徒指導
松田文子・高橋　超　編著
A5判　248頁　2500円

「現代社会における子ども」という視点を明確にしつつ，豊富な具体的資料やコラムを掲載し，読者が多次元的視点を身につけられるように編集。教師の役割を根本から考え直す。

図説 生徒指導と教育臨床
子どもの適応と健康のために
秋山俊夫　監修
高山　巌・松尾祐作　編
A5判　258頁　2427円

現場で生徒指導・教育相談に携わってきた著者陣により執筆された教育職員免許法必修科目の「生徒指導」，「教育相談」，および「進路指導」のためテキスト。

生き方の教育としての学校進路指導
生徒指導をふまえた実践と理論
内藤勇次　編著
A5判　244頁　2233円

生徒指導と進路指導は「いかに生きるかの指導」という面で一体化している。「入試のための進学指導」「就職斡旋のための職業指導」からの脱出を図ることをめざして書かれた。

あらためて登校拒否への教育的支援を考える
佐藤修策・黒田健次　著
A5判　246頁　1748円

本書では登校拒否を，子どもが大きくなっていく過程で起きる一種の挫折体験であるとし，これに子どもが立ち向かい，それを克服していくような「教育的支援」を強調。

学校教師のカウンセリング基本訓練
先生と生徒のコミュニケーション入門
上地安昭　著
A5判　198頁　1942円

教師自身にカウンセラーとしての資質・能力が要求される昨今。本書ではカウンセリングの理論学習に加え，その実践的技法の訓練を目的とし，演習問題と実習問題を収録。

心理学―社会心理，認知心理

姿勢としぐさの心理学
P.ブゥル 著
市河淳章・高橋 超 編訳
A5判 228頁 3000円

姿勢とジェスチャーは非言語的コミュニケーション研究分野では比較的無視されてきた。本書はこの現状の何らかの形での打開を意図し，有益な示唆やパースペクティブを与える。

［教科書］社会心理学
小林 裕・飛田 操 編著
A5判 330頁 2500円

この領域の最新の知見と展開を盛り込んだ社会心理学の本格「教科書」。全章の構成を，個人→対人関係→集団・組織→社会へと配列，予備知識なしでも理解できるよう配慮。

対人社会動機検出法
「IF-THEN法」の原理と応用
寺岡 隆 著
A5判 248頁 4200円

対人社会動機検出の具体的方法として著者が開発し改良を重ねてきた「IF-THEN法」の総合解説書。対人反応傾向を量的に測定し新たな対人行動の研究領域の開拓をめざす。

偏見の社会心理学
R.ブラウン 著
橋口捷久・黒川正流 編訳
A5判上製 342頁 4500円

オールポートの偏見研究から40年―今なお続く偏見について，個人の知覚や情動，行為などの水準にも焦点を当て，研究のあらたな視点を提示し，多様な偏見の形態を分析。

人間の情報処理における聴覚言語イメージの果たす役割
その心理的リアリティを発達と障害の観点からとらえる
井上智義 著
A5判上製函入 114頁 7000円

従来ほとんど研究されることのなかった「聴覚言語イメージ」を，実験計画にのせて具体的に実施したものを紹介。聴覚障害者の言語処理や，言語教育も視野に入れる。

認知心理学から理科学習への提言
開かれた学びをめざして
湯澤正通 編著
A5判 2500円

理科学習は認知的にも，物理的・空間的にも社会的にも従来の枠を越えるべきとの問題意識から，心理学・教育学・社会・教育現場の多様な分野より，より具体的な提言を試みる。

音楽と感情
音楽の感情価と聴取者の感情的反応に関する認知心理学的研究
谷口高士 著
A5判上製 176頁 4200円

音楽のもつ感情性は私たちの行動にまで影響をもたらすが，それはどこまで一般化でき，普遍性をもつのか。これらの問題に認知心理学的な立場でアプローチを試みる。

授業が変わる
認知心理学と教育実践が手を結ぶとき
J.T.ブルーアー 著
松田文子・森 敏昭 監訳
A5判 304頁 3200円

今，社会から強く要求されている学力を身につけさせるために，認知心理学の成果を生かした新しい教育的手法を設計することを提案。認知心理学の専門用語の解説付。

心理学―教育心理，臨床・医療心理

要説
発達・学習・教育臨床の心理学
内田照彦・増田公男　編者
A5判　264頁　2500円

従来の「発達・学習」領域に加え，教育臨床場面での「使える知識（いじめ，不登校，校内暴力等）」を多く組み入れて編集されたニュータイプ・テキスト。重要用語の解説つき。

学校教育相談心理学
中山巖　編著
A5判　320頁　2600円

学校での教育相談はいかにあるべきか，子どもの問題行動をどのように理解して対応したらよいのかなど，教育相談の本来の意義と方法について考えることを目的として編集。

学校教育の心理学
北尾倫彦・林多美・島田恭仁・岡本真彦・岩下美穂・築地典絵　著
A5判　222頁　2000円

学校教育の実際場面に役立つ実践的内容にしぼった内容。最新の研究知見を中心に，いじめ，不登校，LD等学校現場が現在直面している諸問題への対応を重視した構成・記述。

オープニングアップ
秘密の告白と心身の健康
J.W.ペネベーカー　著
余語真夫　監訳
四六判　334頁　2400円

感情やトラウマティックな経験を抑制することの心身健康への有害性と，言語的開示をすることの心身健康への有益性や治療効果を実験心理学的裏づけのなかで明らかにする。

社会性と感情の教育
教育者のためのガイドライン39
M.J.イライアス他　著
小泉令三　編訳
A5判　260頁　2800円

社会性や感情（情動）を体系的に教育すること，「一人ひとりの子どもにスキルとして定着させること」の必要性を説き，教育現場で実施するための39のガイドラインを示す。

シングル・ペアレント・ファミリー
親はそこで何をどのように語ればよいのか
R.A.ガードナー　著
鑪幹八郎・青野篤子・児玉厚子　共訳
四六判　260頁　1900円

離婚・未婚出産数が増加傾向にある現代，ひとり親家庭の子どもたちや親に生じるさまざまな問題に対し，精神科医である著者が具体例をあげつつ心の問題をサポート。

7つの能力で生きる力を育む
子どもの多様性の発見
A.B.スクローム　著
松原達哉　監訳　岩瀬章良　編訳
A5判　152頁　2200円

学力だけではなく，創造性・巧緻性・共感性・判断力・モチベーション・パーソナリティの面から子どもの能力を見いだすことの重要性を説き，さらに職業適性を論じる。

動作とイメージによる
ストレスマネジメント教育　基礎編・展開編
山中寛・冨永良喜　編
基礎編　B5判　228頁　2700円
展開編　B5判　168頁　2300円

身体面，心理面，行動面にさまざまな影響が出てくる子どものストレス問題を，予防の観点から解説し，具体的な行動プログラムとその実践例，およびその効果を明らかにする。

教育学—家庭教育・社会教育，その他

家庭のなかのカウンセリング・マインド
親と子の「共育学」
小田 豊 著
B6判 182頁 1553円

今の「豊かさ」の意味を問いながら，「子どものいのちの輝き」を考える。子どものあるがままを受け入れ，子どもの心の流れにそうことから家庭教育の再考を提起する子育ての本。

「やる気」ではじまる子育て論
子どもはやりたいことをやる
山崎勝之・柏原栄子・皆川直凡・佐々木裕子・子どものこころ研究会 著
四六判 192頁 1602円

「間違った方向にいじられている子どもたちを守りたい！」そう願う著者らによって編集された新しい子育て論。内からのやる気をそこなわない子育てを追求する。

いま，子ども社会に何がおこっているか
日本子ども社会学会 編
A5判 246頁 2000円

子どもをめぐる社会・文化という「外にあらわれた姿」を手がかりに，多角的な視点から子どもの実態と本質を鋭くあぶり出す，第一級の研究者による力作。

学校で教わっていない人のための
インターネット講座
ネットワークリテラシーを身につける
有賀妙子・吉田智子 著
A5判 230頁 1800円

生活の道具になりつつあり，学校でも教えるようになってきた「インターネット」。その活用の技を磨き，ネットワークを介した問題解決力を身につけるためのガイドブック。

視聴覚メディアと教育方法
認知心理学とコンピュータ科学の応用実践のために
井上智義 編著
A5判 240頁 2400円

情報機器や新しい視聴覚メディアの教育現場での望ましい活用方法を示すとともに，そのような視聴覚メディアを利用した豊かな教育環境を整えるための適切な方向性を提示する。

京都発
平成の若草ものがたり
清水秩加 著
A5判 208頁 1500円

現在，競争，管理教育，いじめ等を体験した最初の世代が親になっている。育児を通して自らも成長するという視点で描かれた4人の子をもつ母親の子育てマンガ＋エッセイ。

質的研究法による授業研究
教育学／教育工学／心理学からのアプローチ
平山満義 編著
A5判 318頁 3200円

新しい時代の授業のあり方を求めて，3つの分野（教育学，教育工学，心理学）からアプローチする，質的研究法の最新の成果を生かした授業研究の書。

教科書でつづる
近代日本教育制度史
平田宗史 著
A5判 280頁 2427円

教科書に関する基礎的な問題を歴史的に記述し「教科書とは自分にとって何であり，また，あったか」を考える啓蒙書。義務教育を終えた人ならだれでも理解できるよう配慮して執筆。

幼児教育，福祉学，その他

子どもはせんせい
新しい預かり保育実践から見えたもの
冨田ひさえ 著
四六判 176頁 1800円

社会的要請は強いものの，単なる「預かり」保育に終始していた延長保育に従来からの枠を超えたカリキュラムを導入した実践記録をドキュメントタッチで紹介。

レッジョ・エミリア保育実践入門
保育者はいま，何を求められているか
J．ヘンドリック 編
石垣恵美子・玉置哲淳 監訳
B5判 146頁 2300円

イタリアで実践され，世界的に注目を集めている保育実践の，アメリカでの入門書。ヴィゴツキー理論の新たな展開と，日本での実践可能性を示す。

一人ひとりを愛する保育
計画・実践，そして記録
飯田和也 著
A5判上製 146頁 1800円

保育の方法から保育の計画，また障害児の保育を含めて具体的な事例を中心にまとめ，さらに毎日の保育が終わった時に「何を記録すべきか」という評価，反省についても記述。

形成期の痴呆老人ケア
福祉社会学と
精神医療・看護・介護現場との対話
石倉康次 編著
A5判 262頁 2500円

20年にわたる介護現場や介護者家族の実践的な模索の過程をたどり，痴呆老人ケアの論理を考える。痴呆になっても普通に生きられることが実感できる環境づくりのために。

チビクロさんぽ
ヘレン・バナマン 原作
森まりも 翻訳（改作）
A5変形判 58頁 1200円

絶版になった原作のもつ長所をそのまま引き継ぎ，原作のもつ問題点を修正し，犬を主人公とした物語として改作。チビクロのさんぽ（散歩）のおもしろさ・楽しさを子ども達に。

チビクロひるね
森まりも 著
A5変形判 59頁 1300円

『チビクロさんぽ』の続編～オリジナルの創作絵本。ユニークなキャラクターがいろいろなものに変身。「だじゃれ」を超越した言葉遊びのイマジネーションの世界。

目撃証言の研究
法と心理学の架け橋をもとめて
渡部保夫 監
一瀬敬一郎・厳島行雄・仲 真紀子・
浜田寿美男 編
A5判上製 590頁 6500円

「目撃証言」「目撃証人」の取り扱いについて，心理学・法律学双方の専門家からその研究成果を明らかにし，現在の裁判所の「事実認定」，「操作の方法の改革」について提言。

科学を考える
人工知能からカルチュラル・スタディーズまで14の視点
岡田 猛・田村 均・戸田山和久・
三輪和久 編著
A5判上製 402頁 3800円

科学的発見や科学研究の実像をとらえるために現在とられている多様なアプローチの全体像を具体的な研究例をあげることによって紹介。第一線科学者へのインタビューも収録。

心理学―基礎心理，発達心理

ヴァーチャルインファント
言語獲得の謎を解く
須賀哲夫・久野雅樹　編著
A5判　176頁　2400円

いまだその具体的回答が得られない人間の「言語獲得」の問題について，コンピュータ上にプログラムという形でその獲得過程の再現を試み，その謎を解く画期的な書。

新 生理心理学 1巻
生理心理学の基礎
宮田 洋　監修
柿木昇治・山崎勝男・藤澤 清　編集
B5判　344頁　3500円

生理心理学最新の定番書全3巻の1。本巻では，生理心理学のあり方・基礎理論を体系的に紹介する。1部―生理心理学とは　2部―脳と行動　3部―中枢神経系の活動　…等

新 生理心理学 2巻
生理心理学の応用分野
宮田 洋　監修
柿木昇治・山崎勝男・藤澤 清　編集
B5判　334頁　3500円

「現在の生理心理学」として定評を得ている応用分野のなかから認知心理学，睡眠心理学，臨床心理学，障害児心理学・教育，犯罪心理学，鑑識心理学への応用研究を紹介・解説。

新 生理心理学 3巻
新しい生理心理学の展望
宮田 洋　監修
柿木昇治・山崎勝男・藤澤 清　編集
B5判　324頁　3500円

「新しい生理心理学の展望」として，今後周辺各領域で発展・展開が期待できる斬新な分野・テーマの研究成果を集成。今後一層有用性が期待できる生理心理学研究の可能性を満載。

心理学のための実験マニュアル
入門から基礎・発展へ
利島 保・生和秀敏　編著
A5判　286頁　3689円

心理学を本格的に理解し，心理学の基礎的な研究法を体験し，「科学的報告」としてまとめ，心理学研究に必要な技術を修得するために。入門者必携の本格マニュアル書。

女性の生涯発達とアイデンティティ
個としての発達・かかわりの中での成熟
岡本祐子　編著
A5判上製　278頁　3500円

「かかわりの中での成熟」という女性の発達をめぐる問題意識の高まりの中，新しいアイデンティティ発達の視点を提供し女性のライフスタイルのあり方を捉え直す問題提起の書。

みるよむ生涯発達心理学
バリアフリー時代の課題と援助
塚野州一　編著
A5判　262頁　2500円

生涯発達を他者（外の世界）とのかかわりの広がりの中であらわれる人間の質的・量的な変化ととらえ，図表を中心に概観した，「みてわかる」「よんでわかる」平易なテキスト。

子どものパーソナリティと社会性の発達
測定尺度つき
堀野 緑・濱口佳和・宮下一博　編著
A5判　262頁　2600円

子どもの発達の中身を「自我発達」「達成動機」「道徳性」等の各領域的に区分してとらえ，その特性を明らかにするとともに，測定尺度をつけて実践的に取り組めるよう編集。

心理学―その他

クリティカルシンキング 入門編
あなたの思考をガイドする40の原則
E.B.ゼックミスタ・J.E.ジョンソン 著
宮元博章・道田泰司・谷口高士・菊池 聡 訳
四六判上製 250頁 1900円

現代をよりよく生きるために必要なものの考え方,すなわち「クリティカルシンキング」を系統的に学習するために。自ら考えようとする態度や習慣を身につけるためのガイド。

クリティカルシンキング 実践篇
あなたの思考をガイドするプラス50の原則
E.B.ゼックミスタ・J.E.ジョンソン 著
宮元博章・道田泰司・谷口高士・菊池 聡 訳
四六判 302頁 1900円

クリティカル思考とは,たんに懐疑のみでなく,自分の進むべき方向を決断し問題を解決する生産的な思考である。学習,問題解決,意志決定,議論の際の思考を身につける本。

クリティカル進化論
『OL進化論』で学ぶ思考の技法
道田泰司・宮元博章 著 秋月りす まんが
A5判 222頁 1400円

クリティカル思考は,複雑化した現代社会に適応していく上で,必要な思考法である。本書では,ユーモアあふれる4コマ漫画を題材に,わかりやすく楽しく身につける。

自己開示の心理学的研究
榎本博明 著
A5判 270頁 2900円

臨床心理学者ジュラードに始まる自己開示の研究についてその現状を概説した本邦初の書。本書は言語的な自己開示に絞りその研究の概要を掲載。巻末に自己開示質問紙等を収録。

心理的時間
その広くて深いなぞ
松田文子・調枝孝治・甲村和三・
神宮英夫・山崎勝之・平 伸二 編著
A5判上製 552頁 5800円

不可解な「時間」のほんの一側面である「心理的時間」について,その多様性と複雑性にふれながら,わが国での研究とその周辺領域を紹介する。時間の心理学研究に刻される1冊。

心とは何か
心理学と諸科学との対話
足立自朗・渡辺恒夫・月本 洋・
石川幹人 編著
A5判上製 356頁 5200円

人間の心や意識をめぐる研究の様相は70年代以降大きく変換し,心理学についても方法論的基底の再検討が求められつつある。心の諸科学を展望しつつ根本的な問題を検討。

身体活動と行動医学
アクティブ・ライフスタイルをめざして
J.F.サリス・N.オーウェン
竹中晃二 監訳
B5判 166頁 2700円

超高齢化社会を間近に控える現在,日常の身体活動量を増加させ定期的な運動を行うことは疾病予防に大きな役割を果たす。行動変容を起こすための身体活動の効果を明確にする。

子どもを持たないこころ
少子化問題と福祉心理学
青木紀久代・神宮英夫 編著
四六判 174頁 1800円

少子化傾向は止まる兆しを見せない。面接調査をもとに子どもをもつことの意味,育てることの意味,そしてもたない心の深層を分析し,解決策の1つを福祉心理学の構築に求める。

教育学―原理・方法・歴史, 教育学全般, 学習指導

教育技術の構造
杉尾 宏 編著
B6判 248頁 2300円

上手・下手という教育技術の価値的側面を問う前に,教育の営み全体,すなわち公教育体制下の教育労働過程の中で,歴史・社会学的に明らかにするということをねらいとした書。

教師の日常世界
心やさしきストラテジー教師に捧ぐ
杉尾 宏 編著
B6判 220頁 1500円

現場教師各自が,学校教育の構造とその矛盾をつかみきるために,教師の日常世界に巣くう「自明視された教育行為」を見直し,現在の学校教育の病理現象を徹底解明する。

「協同」による総合学習の設計
グループ・プロジェクト入門
Y.シャラン・S.シャラン 著
石田裕久・杉江修治・伊藤 篤・
伊藤康児 訳
A5判 230頁 2300円

従来の競争社会への反省・否定の立場から欧米でも教育方法として重要性が認識されている協同学習理論。原理から主体的・有効に実践を作りあげるための具体的な情報を提供。

子どもが変わり学級が変わる
感性を磨く「読み聞かせ」
笹倉 剛 著
四六版 224頁 1900円

読書の足がかりとしての「読み聞かせ」の重要性と,その継続的な実践が子どもの想像力や自己判断力を培うことを説く,学校教育現場に焦点をあてた初の書。実践報告も紹介。

認知心理学からみた
授業過程の理解
多鹿秀継 編著
A5判 230頁 2300円

「教育の方法と技術」の内容を,生徒と教師の相互作用という認知心理学的方法でアプローチした書。従来からの行動主義心理学の成果も取り入れ,総合的にまとめながら紹介。

実践学としての授業方法学
生徒志向を読みとく
H.マイヤー 著
原田信之・寺尾慎一 訳
A5判 328頁 4200円

著者は現代ドイツの教育科学・学校教授学研究の第一人者で,この書はわが国のこれからの教育に求められる「自ら学び自ら考える力の育成」への道筋の構築の大きな指針となる。

授業づくりの基礎・基本
教師の意識改革を求めて
寺尾慎一 著
A5判 198頁 2427円

教育改革を推進,実行するのは各学校・教師であり,そうした改革に応える道は「授業づくり」の腕前を上げる以外にはないとの考えに基づき,その基礎・基本について論述。

子どもが生きている授業
吉川成司・木村健一郎・原田信之 編著
A5判 150頁 1942円

子どもの幸福のために行われる授業とは？子どもを全体として理解し,教師自身の内的世界を深く洞察する過程から,人間の本質や生きかたを浮き彫りにしようとする意欲作。

心理学―原理・方法・歴史，心理学全般

試験にでる心理学　一般心理学編
心理系公務員試験対策／記述問題のトレーニング
高橋美保・山口陽弘　著
A5判　230頁　2600円

心理系公務員（主に国Ⅰ・家庭裁判所・地方上級等）試験対策用の参考書／問題集。過去に出題された記述問題を多く集め，これに類題を加え一問一答の形式で解答・解説。

アメリカの心理学者　心理学教育を語る
授業実践と教科書執筆のためのTIPS
R.J.スターンバーグ　編著
道田泰司・宮元博章　訳編
A5判　256頁　3200円

大学の人気科目である心理学。が，その教育理念を検討し授業の組立や実用的アイデアを示した書は今まで日本にはなかった。すべての教員に有益なヒントを提供するエッセイ集。

本当にわかりやすい
すごく大切なことが書いてある
ごく初歩の統計の本
吉田寿夫　著
A5判　330頁　2500円

実際に研究を行う際の実用書としてよりも，社会科学を学ぶ人や統計を利用する必要性の高い職業に従事する人を対象とした（統計学ではなく）統計法のテキスト。

共分散構造分析［事例編］
構造方程式モデリング
豊田秀樹　編
A5判　224頁　3200円

1990年以降頻繁に使用され応用範囲も広い共分散構造分析。本書は特に実質科学的な解釈の興味深さという観点からモデル構成例と注意点，解釈・仮説の表現のコツ・工夫等を収録。

通史　日本の心理学
佐藤達哉・溝口元　編著
A5判　640頁　4500円

日本の心理学の現状がなぜかくあり，今後どのような方向に行くのかを問う時，130年間にわたる日本心理学の道筋を省みることには大きな意義があろう。本邦初の通史編纂書。

心理学論の誕生
「心理学」のフィールドワーク
サトウタツヤ・渡邊芳之・尾見康博　著
A5判　240頁　2800円

心理学の研究について縦横無尽に語り尽くした鼎談＋関連論文で構成。日本の心理学研究における概念・方法・制度・歴史の捉え方に相対的な照射を果たしていく研究者必読の書。

思いやりと
ホスピタリティの心理学
平井誠也　編著
A5判　264頁　2500円

一般心理学の事項を横糸に，本書のテーマ（「思いやり」「ホスピタリティ」）に沿った事項を縦糸に編集されたユニークな心理学入門書。医療・看護，福祉系の学生に最適。

自分理解の心理学
田口則良　編著
A5判　220頁　2300円

青年期の心理的特性や発達課題といった，自分の生き方にひきよせて考えられる知見について詳述した一般心理学入門テキスト。自分を理解し，強い精神力を養成するために。

教育・保育双書 全22巻

秋山和夫・成田錠一・山本多喜司 監修

❶教育原理
秋山和夫・森川直編　2233円

❷保育原理
田中亨胤編　2300円

❸養護原理
杉本一義編　2427円

❹社会福祉
片山義弘編　2500円

❺児童福祉
杉本一義編　2427円

❻発達心理学
今泉信人・南博文編　2427円

❼教育心理学
祐宗省三編　2427円

❽子どもの臨床心理
松山侊子・秋山俊夫編　2427円

❾小児保健
清水凡生編　2500円

❿精神保健
品川浩三編　2427円

⓫保育内容総論
秋山和夫編　2427円

⑫内容研究 養護
小林一・安藤和彦・枥尾勲編

⓭内容研究 領域健康
生田清衛門・秋山俊夫編　2427円

⓮内容研究 領域人間関係
小玉武俊編　2427円

⑮内容研究 領域環境
秋山和夫・成田錠一編

⓰内容研究 領域言葉
横山正幸編　2427円

⓱内容研究 領域表現
大塚忠剛編　2427円

⓲乳児保育
土山忠子編　2427円

⓳障害児保育
田口則良編　2427円

⑳児童文化
秋山和夫編

㉑保育実習
坂本敬・安藤和彦編　2233円

㉒教育実習
秋山和夫編　2300円

※白ヌキ数字は既刊

北大路書房の図書ご案内

教育・臨床心理学中辞典
小林利宣 編
A5判 504頁 3495円

教育現場の質的制度的変化や学問的な進歩に対応。約1400項目を,一般的な重要度により小項目と中項目とに分け,小辞典では不十分な内容を充実しながらコンパクトに設計。

発達心理学用語辞典
山本多喜司 監修
B6判上製 430頁 3592円

発達心理学の分野に焦点を絞った日本初の用語辞典。社会の変化,高齢化社会の現状にも対応する952項目を収録。「発達検査一覧」ほか付録も充実。活用度の高いハンディな一冊。

改訂新版 社会心理学用語辞典
小川一夫 監修
B6判上製 438頁 3700円

定評ある旧版の内容の整備・充実を図り,140項目を増補した改訂新版。人名索引も新たに整備したほか,中項目中心の記述方式を採用。授業・研究など幅広く,永く活用できる。

ちょっと変わった幼児学用語集
森 楙 監修
A5判 206頁 2500円

7つのカテゴリー,遊び,こころ,からだ,内容・方法,制度・政策,社会・文化,基礎概念に区分された基本的な用語と,人名項目,コラムを収録した[調べる][読む]用語集。

価格はすべて本体で表示しております。
ご購入時に,別途消費税分が加算されます。直接注文の際は,別に送料300円が必要です。

〒603-8303
京都市北区
紫野十二坊町12-8

北大路書房

☎ 075-431-0361
FAX 075-431-9393
振替 01050-4-2083

好評の新刊

心理学マニュアル 要因計画法
後藤宗理・大野木裕明・中澤 潤 編著
A5判 176頁 1500円

心理学の研究法としては一番オーソドックスな，実験の計画から統計処理までを扱う。単純か難解かに偏っていた従来の類書を克服した，実践的な内容となっている。

心理学マニュアル 面接法
保坂 亨・中澤 潤・大野木裕明 編著
A5判 198頁 1500円

カウンセリングに偏りがちだった面接法を「相談的面接」と「調査的面接」の2つに分け概観を紹介するとともに，具体的な手順を解説し，より応用範囲の広いものとしている。

トワイライト・サイコロジー
心のファイルX 恋と不思議を解く
中丸 茂 著
四六判 274頁 1800円

恋愛における非合理な心の動かし方や行動，また，超常現象，迷信等の非日常的な現象を信じること…そのような心理を解明をするとともに科学的なものの考え方を身につける。

マンガ『心の授業』
自分ってなんだろう
三森 創 著
A5判 136頁 1300円

心はフィーリングでつかむものではなく，一つひとつ知識としてつかむものである。95%マンガで書かれた，誰にでも読める心理学の本。「心の教育」の教材として最適。

記憶研究の最前線
太田信夫・多鹿秀継 編著
A5判 上製326頁 4000円

心理学における現在の記憶研究の最前線を，話題性のあるものに絞りわかりやすく紹介するとともにそのテーマの研究の今後の動向を簡潔にまとめ，研究への指針を提示。

ウソ発見
犯人と記憶のかけらを探して
平 伸二・中山 誠・桐生正幸・足立浩平 編著
A5判 286頁 2200円

ウソとは何か？ 犯罪捜査での知見を中心に，そのメカニズムをわかりやすく科学的に解明する。「ポリグラフ鑑定」だけでなく，ウソに関するさまざまな疑問にも答える。

犯罪者プロファイリング
犯罪行動が明かす犯人像の断片
J.L.ジャクソン・D.A.ベカリアン 著
田村雅幸 監訳
A5判 248頁 2200円

マスコミ報道などによって広められた隔たったプロファイリングのイメージを払拭し，化学的手法によって行われている実際のプロファイリングの内容の「真実」を伝える。

インターネットの光と影
被害者・加害者にならないための情報倫理入門
情報教育学研究会・
情報倫理教育研究グループ 編
A5判 198頁 1600円

インターネットの利便性（光の部分）とプライバシーや知的所有権侵害・電子悪徳商法・有害情報・ネット犯罪等の影の部分を知り，ネット社会のトラブルから身を守るための本。

たえず注がれ続けないと自己評価が維持できない。他方，見捨てられ抑うつと近縁関係にある経験に「分離不安」がある。分離不安は一時的な分離を契機にして相手がいなくなるという予期不安である。確かにいることの確認，現実の再会（再結合）により，比較的すみやかに不安が解消される。分離不安の傾向の強い人が求めているのは「手応えのある，信頼の対象イメージ」といえようか。したがって，分離不安より見捨てられ抑うつの方が解決のためにより大きな努力とエネルギーを要するといえよう。

6 ――「三人称」の関係

健康な対人関係とは，お互いが「個」として自立し，相手を自己愛のために利用しない関係のことである。こうした厳しい自我のありさまを述べた詩がある。

心理療法の1つにゲシュタルト療法があるが，その創始者であるパールズ（Pearls, F. S.）の詩で，ゲシュタルトの祈りというタイトルである。

　私は私のやるべきことをやる。
　貴方(あなた)は貴方のやるべきことをやる。
　私は貴方の期待に応えるために生きているのではない。
　貴方も私の期待に応えるために生きているのでない。
　私は私であり，貴方は貴方である。
　もし偶々(たまたま)そんな二人が出会えるなら，それは素晴らしいことだ。
　出会えないとしても，それも仕方のないことだ。

自らが主体であること，一人称であることは，相手を三人称としてみるということである。そう考えたのは森有正という長くフランスで生きた哲学者である。森（1977）は日本人の人間関係には，個としての「私」がないとみなした。あるのは「貴方の貴方」であると。つまり，目の前の相手に合わせながら建前で話し，周囲に気遣いながら過剰適応する生き方には，主体としての「自分」が欠けている。個として決然と立つ私であらねばならない。そのことは相手に対しても一人称として生きることを認めることである。したがってお互いにとって三人称の関係になる，そう森有正はとらえた。それはゲシュタルトの祈りと同じベクトル上にある価値観である。このような生き方について，われわれ

は本気で考えてみるべきではないかと思われる。

2 アパシー・無気力と自己愛の障害

1 —— アパシー・無気力状態とは

　本来，アパシーという用語は，精神医学の領域においては無感情や感情鈍麻(どんま)を意味する用語として用いられてきた。統合失調症や感情障害などの精神疾患や心因反応において現れる状態像の1つとして考えられてきたのである。ところが1970年ころから，長期にわたって留年をくり返す学生の存在が大学生の精神衛生に携わる専門家の間で徐々に注目されるようになり，このような状態を指すものとしてスチューデント・アパシー（student apathy）という言葉が用いられるようになった。最近では，大学生の意欲減退，無気力，無感動状態を指して用いられる場合の方が多い。

　スチューデント・アパシーという用語は，アメリカのウォルターズ（Walters,P.A.）が大学生に現れる学業への意欲喪失，無気力といった状態を指して用いたのが最初といわれる。その状態像が日本の学生に認められるものと同様のものであるために，笠原（1977，1984）がウォルターズにならって日本の学生にみられる意欲減退・無気力状態を意味する用語としてそのまま導入したのである。

　笠原（1977，1984）を参考にスチューデント・アパシーの特徴をまとめると次のようになる。

①青年期後半から問題が顕在化することが多く，特に男子学生が大きな割合を占める。

②真面目に努力するタイプであり，多くの者は過去に何らかの形での成功の歴史を有するが，何らかのきっかけから無気力状態を呈するようになる。

③強迫的な性格傾向を有する者が多く，全か無かという思考，行動パターンを示すことが多い。

④自分の本業（学生であれば学業）を選択的に忌避(きひ)し，結果的に留年をくり返す。本業以外の領域での活動には平均以上の活動性を示す。

⑤優勝劣敗に敏感であって，優劣がはっきりするような場面や傷つくことが

予想される場面を，徹底的に回避する傾向が顕著である。
⑥自分とは何かというアイデンティティの獲得・形成に関しては困難な状態にあり，主観的には目標や生きがいの喪失として体験される。

このような状態を呈するケースが男子大学生に多く認められたためスチューデント・アパシーと呼ばれたのだが，笠原が指摘するように，大学生に限らず高校生や社会人にも認められる問題として理解されてきている。また，女性にも同様の問題を確認することができる。そこで，笠原はこのように幅広い対象に認められる無気力状態を総称して，退却神経症と呼ぶことを提唱している（笠原，1988）。

土川（1989，1990）は，大学生にみられるアパシー状態を，①典型例，②発達段階での一過性のアパシー，③一般学生のアパシー傾向，④類アパシー群，の4つに分類している。さらに①の「典型例」を受身回避型と自己愛型の2つのタイプに分類している。受身回避型は，性格的には受動的傾向が強く，真面目で人とぶつかり合うことが少ないという特徴があり，アパシー症状に関しては学業の領域でのみの選択的退却を示すことが多い。後者の自己愛型は，性格的には自己愛的あるいは万能感的な側面を有しており，アパシー症状に関しては学業領域のみの退却にとどまらず，学生生活全般からの撤退に移行する傾向にある。予後の点からも，後者の自己愛型の方が悪い傾向にあり，人格的な問題もより深刻な水準にあると考えられている。

笠原はこのアパシーという問題を，新たな臨床単位あるいは新たな症候群として理解しようとしている。一方，土川はスチューデント・アパシーをさまざまな水準の背景をもつ問題と理解して，その中核群をウォルターズの記述した状態と一致するものととらえ，さらに人格障害の程度により2つのタイプに分けている。下山（2002）はスチューデント・アパシーの概念の混乱を指摘し，より包括的なものとしてアパシー性人格障害（表2-1）という概念を提唱している。下山はスチューデント・アパシーの問題を，「悩まない」行動障害，「悩めない」心理障害，「自立適応強迫」性格の3次元からなる構造として理解することを提唱している。「悩まない」行動障害とは，自分の困難な状況を否認してまるで他人事のような態度でいることや，批判が予想される状況を選択的に回避する傾向を指している。「悩めない」心理障害とは，自分のなさや感情

表2-1　アパシー性人格障害（Apathetic Personality Disorder）の判別基準（下山，2002）

A. 心理的には無気力（アパシー）状態にあるにもかかわらず，表面的な適応にこだわり続ける広範な様式で，青年期中期から成人期にわたる広い範囲の年代で始まり，種々の状況で明らかになる。以下のうち5つ（またはそれ以上）によって示される。
(1) 適応を期待する他者の気持ちを先取りした受動的な生活史がみられる。
(2) 適応的で自立している自己像への自己愛的な固執がみられる。
(3) 他者から不適応を批判や非難されることに対して強い恐怖心や警戒心をもつ。
(4) 不適応があからさまになる場面を選択的に回避する。
(5) 不適応状況に関する事実経過を認めても，その深刻さを否認する。
(6) 不適応場面において，言動不一致，一過性の精神症状，引きこもりなどの分裂した行動を示す。
(7) 自己の内的欲求が乏しく，自分のやりたいことを意識できない。
(8) 感情体験が希薄で，生命感や現実感の欠如がみられる。
(9) 時間的展望がなく，その場しのぎの生活をしている。
B. 精神分裂病，気分障害，他の精神病性障害の経過中にのみ起こるものではない。

の動きの乏しさ，生きいきとした実感のなさなどで表現される状態である。そして「自立適応強迫」性格とは，他者からの批判に敏感であり，そうした事態に直面しないようにきちんとしていようとする完全癖傾向，そしてそれが不可能になった場合には現実や他者を無視しようとする傾向を意味する。

このような理解をもとに下山は，スチューデント・アパシーという問題を含むより広い概念として，アパシー性人格障害を提唱したのである。アパシーを人格障害水準の問題として理解し，独特の無気力状態を呈する事例に対して適用でき，さらに学生に限らずより広い年代に適用されうる概念としてその有用性を強調している。

2 ── アパシーにみられる自己愛の問題

(a) 回避行動

回避行動に関しては，「退却」（笠原，1988），「撤退」（土川，1990）などと表現に違いはあるが，スチューデント・アパシーの最大の特徴として取り上げられる場合が多い。一般的には回避（退却）は学生の本業である学業からの部分退却が中心であり，他の生活領域への参加にはそれほど抵抗を示さない場合が多いといわれる（笠原，1984）。笠原はこうした回避行動の背景として，優勝劣敗への過敏性が関係していると考えている。学生にとっての本業である学

業においては，常に何らかの形での優劣の判定，あるいは評価がともなってくる。そして，確実に良い評価を得られるとは限らない競争場面が脅威となり，そこから退却せざるをえないということになる。つまり「予期される敗北と屈辱からの回避」（笠原，1984）ということになる。アパシー状態も軽症の場合は，学業場面などの評価にさらされる場面を除けば，対人関係が維持されることも多いといわれる。学生に関していえば，学業以外のクラブ・サークル活動やアルバイト，趣味の領域などのいわゆる「副業」（笠原，1988）においては，活動的であり，自分らしさを発揮しようとすることができる。ところがアパシー状態が重度のものになると，競争刺激がまったくないごく少数の者との関係しかもたない状態や，学業にとどまらず学生生活全般から撤退してしまう「全体的アパシー」（土川，1990）に陥るようになる。

下山（1990）は自身の臨床経験から，こうした回避の背景にある性格特性として「他者からの批判に対する過敏性」をあげている。心理的には，他者から不適応を批判や非難されることに対して強い恐怖心や警戒心をもち，行動面では不適応があからさまになる場面を選択的に回避するということになるというのである。

笠原や下山が指摘するような過敏性の背後には自己評価の揺らぎやすさ，あるいは自己愛の傷つきやすさという問題が存在すると考えられる。ギャバード（Gabbard, 1994）は自己愛性人格障害を対人関係の様式の点から2つのタイプに分類している。1つは「周囲を気にかけない自己愛的な人」（無自覚型）であり，もう1つが「周囲を過剰に気にかける自己愛的な人」（過敏型）である。周囲を気にかけないタイプ（無自覚型）では，自分に夢中で他者の反応には鈍感であり，自分が注目の中心にあるよう専心する。逆に，周囲を過剰に気にかけるタイプ（過敏型）では，他者が自分にどう反応するかについて敏感であり，傷つきや羞恥を感じやすく，注目の的になること，人の目に付く状況を避けようとするという。ギャバードによると，このどちらのタイプにおいても，自己評価を維持しようとする懸命の努力を行っているという点において違いはないのだが，その対処の仕方が異なるというのである。すなわち，周囲を気にかけないタイプ（無自覚型）が，他者に自分を印象づけようとすることで自己愛的な傷つきを回避するのに対して，周囲を過剰に気にかけるタイプ（過敏型）は，

傷つく可能性のある状況を回避したり，批判を避けるために他者に認められるふるまいを見いだすことに没頭したりすることで自己評価を維持しようとするのである。

このような周囲を過剰に気にかけるタイプ（過敏型）の自己愛的な人が示す特徴は，アパシーにみられる回避行動の特徴を説明しうる部分が大きいと思われる。すなわち，アパシー状態に陥る者が示す回避行動は，自己愛的な傷つきにより心のまとまりが損なわれるような事態を避けて，自己評価を維持するための対処のあり方といえよう。現実に直面することを回避することにより，傷つきやすく脆弱な自己が揺さぶられることもなく，自己愛的な空想にとどまることが可能になるのである。

(b) 完全癖あるいは強迫的傾向

多くの研究者が指摘するように，アパシー状態に陥る前の彼らはむしろ適応状態が良すぎるといえるほどの者が多く，性格特性としては完全主義的で強迫的傾向が強い。これも，周囲を気にかけるタイプの自己愛的な人が他の人々から批判的反応をされないようにたえず気を配っていることと共通の理解が可能であろう。周囲の期待を先取りしてその期待にそうような形で自分の態度・行動を決めていくことは，適応的・理想的な自己像を呈示することになり，自己愛的な傷つきを免れることができる。しかし，そのような適応的な行動が少しでもとれない状況になると，一転して現実や他者を無視するという回避行動に向かうのである。ほどほどにできているとか，完全ではないが許容できる程度にやれているというレベルでは，満足や安心ができないというのが彼らのとらえ方なのかもしれない。これは健康な自己愛，あるいは現実的な自己評価が身についていないことによると考えられる。

(c) 援助過程にみられる自己愛的傾向

アパシー状態に陥っている者への援助は困難な場合が多い。その理由はいくつか考えられるが，1つにはそもそも本人が援助を求めることがまれであるということがあげられる。彼らが相談機関を訪れるのは，まわりの者にともなわれて半ば強制的に連れてこられる場合がほとんどである。彼らにとっては，他者に依存するという状況そのものが，自尊心を傷つけ，自己評価を低下させる体験である。また，他者に敏感な自己愛人格者は，他者を自己の心理的まとま

りと安定を脅かす迫害者としてとらえる傾向にある（Gabbard, 1994）。アパシー状態にある者についても同様であろう。つまり，彼らにとって他者と情緒的なつながりを築いていくということは，自己愛的な傷つきを再体験することが予想されるものであるため，たとえそれが援助的な関係であっても，対人的交流からひきこもることで傷つきやすい自己を守ろうとするのであろう。

　カウンセリングの経過中には，彼らが非現実的な夢や誇大的な願望を披露することもみられる。たとえば，在学8年目のある男子大学生は単位が足りず卒業が不可能な状態であったが，カウンセリングにおいてはその点にほとんど触れることなく，プロゴルファーになる夢を熱心に真顔で語り続けた。そういう夢を語りながらも，実際にはプロゴルファーになるために必要な行動は何もとろうとはしなかった。自己愛的な空想に耽るばかりと理解できるだろう。そして，他者の反応に敏感なタイプの自己愛人格者が内側に秘めている誇大性を垣間見せる瞬間といえるだろう。

　また，彼らの多くは，日常生活から選択的に，あるいは全般的に退却していても，その一方では「いつかどうにかできる」「この状態をやめようと思えばいつでもやめられる」という思いを抱いているといわれる。こうした「自力で解決することができる」という非現実的な思いは自己愛的な万能感によるものと理解される。実際，専門家が援助的かかわりを提案しても，彼ら自身が「自分がしっかりしていれば大丈夫です」などと，その援助の申し出を拒否することはよくみられることである。社交的関係を軽視して孤立したり，他者に依存できずに対人関係を拒絶したりすることは，その背後に潜む誇大性をうかがわせるものでもある。

　カウンセリング等の援助的かかわりを行う場合に留意すべきこととして土川（1992）は，自身の援助経験からコフートによる自己愛性人格障害に対する治療技法が有効との感触を得ていると述べ，「彼らの傷つきやすい自己愛・自尊心，特に競争状況での傷つきやすさには十分に配慮し，彼らの自己愛・自尊心に対してはどこまでも尊重していくこと（共感的対応）が必要」と強調している。これまで論じてきたようなアパシーの問題を，精神医学的診断の枠組みのなかに位置づけようとしてもうまく当てはまる概念が見つからないともいわれるが，笠原（2004）が「しいていえば自己愛人格障害」と述べているように，

臨床心理学的援助を考える場合には自己愛の問題に注意をはらうことは欠かせないといえるであろう。

3 不登校によるひきこもりと自己愛の障害

不登校とひきこもりの関連については，ひきこもりのきっかけが不登校であった者が68.8％であったという斎藤（1998）の指摘など，精神医学や臨床心理学の領域で数多く論じられている。以下に，不登校のタイプ，不登校によるひきこもりの経過，不登校によるひきこもりと自己愛の関係，そして能動的自我の自律性の獲得について述べる。

1 ── 不登校のタイプ

不登校にはさまざまなタイプがあるが，松田（2000）は，不登校をその背景にある病態という観点から，以下の5つに分類している。
  ①精神病を背景とした不登校（たとえば，被害関係妄想があり，クラス中で自分の悪口を言っていると恐がり，学校に行けなくなる）
  ②神経症を背景とした不登校（たとえば，朝登校前になると腹痛を訴え，学校を休むといった，いわゆる登校拒否）
  ③人格障害を背景とした不登校（たとえば，対人関係からのひきこもりから不登校となる）
  ④発達障害を背景とした不登校（たとえば，自閉症児が転校に伴い，パニック状態となり不登校となる）
  ⑤本人の意志としての不登校（たとえば，学校教育に対する不満や不信から積極的に不登校となり退学に至る場合）

ここでは，心理社会的な要因との関連が特に深いと考えられる②と③のタイプの不登校を取り上げる。

松田は，この②と③のタイプの不登校がひきこもりに至るまでのきっかけについて，以下のように整理している。
  (a) 学校での対人関係（生徒，先生など）の問題（いじめ，ケンカ，叱られ体験など）をきっかけに不登校になり，ひきこもりとなった場合。

(b) 家族関係の問題（分離不安，嫁姑不仲，両親不和，きょうだい不仲など）をきっかけとして不登校になり，ひきこもりとなった場合。
　(c) 学業の問題（学業低下，極端に嫌いな科目の存在など）をきっかけに不登校となり，ひきこもりとなった場合。
　(d) 明確なきっかけもなく不登校となり，ひきこもりとなった場合。
　ひきこもり状態への対応や予後を検討する上で，こうした「きっかけ」は重要な要素であり，その時点でひきこもらざるを得なくなった背景をつかむことが必要となる。そのためには，子どもを「問題のある」子どもではなく，「問題状況にある」子どもと考え，きっかけ以外にも，それまでの家族や友人らとの対人関係，学業成績，身体の健康状態，地域社会の特徴などを家族から聞きとっておくことが大切である。

2 ── 不登校によるひきこもりの経過

　不登校によるひきこもりの経過はじつにさまざまである。その中でも前記②のタイプの不登校，つまり神経症を背景とした不登校（たとえば，朝登校前になると腹痛を訴え，学校を休むといった，いわゆる登校拒否）には，ひきこもりを克服する経過において，1つの典型的なパターンがみられる。これを佐藤と黒田（1994）は以下のように表2-2に整理している。
　表2-2のように，不登校の場合，初期には身体症状を主とする訴えを示し，やがて親や教師が登校刺激を与えてもいっさい登校しようとせず，家にひきこもるという中期に入る。この中期の期間は，上記の「問題状況」の深刻さとその改善の程度によるが，3つの時期のなかでは最も長期間にわたるのが特徴である。この長い中期の後，外出や学習を再開する後期に入り，保健室などへの別室登校を経て登校が再開される。
　不登校には日常生活の中での「予防的対応」「早期発見・早期対応」が原則であるとされている。しかし，それはなかなか困難なのが現実であり，親や教師は表2-2の中期になって初めて，相談機関のカウンセラーやスクールカウンセラーに相談をすることが多い。その場合，カウンセラーはまず，親の子育てならびに教師の対応についての挫折感に共感することが重要である。そうしながら，親や教師から不登校のきっかけやそれまでの経緯などを聴き取り，子

表2-2 不登校の回復の経過 (佐藤・黒田, 1994を一部修正)

	期	段階	状態
初期	I期	身体的愁訴の段階	子どもが頭痛や腹痛など, からだの不調を訴えている時期で, 身体の調子が悪いと親も子どもも思い, まだ不登校の始まりと気づいていません。
初期	II期	不登校の合理化の段階	親や医師が, 子どものからだの不調は, 心理的なものからきていると思い始めて不登校を疑います。子どもは学校について不満を述べ, 学校に行けない責任は学校や友だちなどにあるといいます。
中期	III期	不安, 動揺の段階	子どものいうことは言い逃れだと, 親は子どもを責め, 登校を求めます。家庭のなかに登校をめぐって緊張感がみなぎります。それにつれて子どもは情緒的に落ち着きをなくします。この時期に, 親は援助を求めて病院や専門機関を訪れますし, 家庭内暴力も起き始めることもあります。
中期	IV期	絶望, 閉じこもりの段階	おどしたり, すかしたり, 哀願したり, いろいろ試みても, 事態は解決しないで悪化します。親も子も絶望感を覚えます。しかし, 親はあきらめきれないで, 子どもの具合のよい時をみはからって登校をうながしますが, 子どもは落ち着かず, 家庭内暴力が続くこともあります。この時期には, 子どもの部屋から学生服や教科書など学校に関係する物品が姿を消してしまいます。子どもの生活は乱れます。そして, 子どもは外に出ないで自宅に閉じこもり始めます。閉じこもりは2〜3年間も続くことがあります。
中期	V期	あきらめ・自己探索の段階	絶望の時期を通りすぎて, 親はあわててもしかたがない, 1〜2年休むのもよい, 長い人生だと覚悟を決めると, 家庭内の緊張がしだいになくなります。一方, 子どもは好きなこと, たとえば, ファミコン, TVの視聴, 小動物の飼育に熱中しながらも過去の自分を振り返りはじめ, 「どうしてこんなことになったのか」と考えだします。
後期	VI期	回復の段階	子どもは, また一段と生活のなかで落ち着きを見せはじめ, 親やきょうだいが学校について触れても嫌がらず, 時には, その話に乗ってきます。乱れていた日常生活——起床, 就寝時間, 食事, 室内の掃除, 頭髪の手入れ, 服の着脱——に活気とけじめが戻ってきます。隠していた学生服, 本, ノートなどが少しずつ部屋の中に姿を現わすようになります。
後期	VII期	学校復帰の段階	4月, 9月, 1月などの学期始めや, 修学旅行などの学校行事をきっかけに専門機関や学校のもとに復帰します。行ったり休んだりの散発的な登校からしだいに出席日数が増え, そして, 完全に学校に復帰します。
後期	VIII期	完全な回復の段階	完全に不登校から脱して, 健全な生活をするようになります。親も子どもも学校へ行けなくなるかもしれないという不安から解放されます。

どもの状態が表2-2の経過のどの時期にあたるのかを確認する。そして，不登校はそれまでの人生でクリアできなかった発達課題について再度取り組むという，意味のある行動であることをわかりやすく説明し，克服するまでの期間は親だけでなく本人にとっても精神的にしんどい期間になること，ひきこもり期間の長短には個人差があることなどを伝えながら，おおまかな克服までの経過を説明することが大切である。

状態に変化の少ないひきこもりへの援助のなかで，援助者はしばしば強い焦燥感，無力感を感じるものである。その結果，親や教師が途中で子どもを強引に登校させようとしたり，勉強をさせようとしたりすることが時々起こる。そのため，ひきこもりの克服までの期間は，定期的な親，教師，カウンセラーらの援助者による情報交換の場を設け，焦燥感や無力感などを共有したり，その後の子どもの状態をチェックしたりすることが望まれる。その際，親，教師，カウンセラーらが日々の生活における子どもの細かな変化を報告し合い，そうした細かな変化をともに喜び合えるような関係が形成されれば，その後の対応への動機づけも高まり，定期的な情報交換が長続きするものである。

3 ── 不登校によるひきこもりと自己愛

さて，不登校によるひきこもりと自己愛の関係は，どのように考えられるだろうか。ここでは，心理社会的な要因との関連が特に深いと考えられる前記②と③のタイプの不登校，つまり神経症を背景とした不登校（たとえば，朝登校前になると腹痛を訴え，学校を休むといった，いわゆる登校拒否）と，人格障害を背景とした不登校（たとえば，対人関係からのひきこもりから不登校となる）を取り上げ，それらのタイプに共通してみられるひきこもりと自己愛の関係を論じてみたい。

ギャバード（Gabbard, 1989）は自己愛性人格障害について，そのサブタイプとして「周囲を気にかけない」タイプと「周囲を過剰に気にする」タイプの2つに分類している。後者のタイプは，鑪（1998）が指摘するような，体面を重んじ恥をかかないこと，そして他人に恥をかかさないようにするという「恥の原理」で人との関係を規制してきた日本人に多いタイプと考えてよいだろう。こうした恥の観点から日本人の自己愛心性を考察する鑪（1998, 2003）は，不

登校によるひきこもりを「恥をかく恐怖」という観点から検討し，その恐怖には「自分に対する外の評価を気にすること」「完全癖」「自己への自信と不信の共存」という3つの側面が関係していることを述べている。この3つの側面を下敷きにしながら，以下に不登校と自己愛について考えてみたい。

(a) 自分に対する外の評価を気にすること

鑪（2003）は自己愛の問題として，現実の実力以上の自己像が確信として存在していることをあげ，これを以下のような2つのタイプに分けている。

第一は，自分のイメージに合わせるために強引に周囲の人を利用するタイプである。このタイプの人は周囲から「自己中心的な人物」とみられるため好かれないが，行動的でまた強引であり，リーダーとして活躍することがある。

第二は，自分の行動がどこかで自分の思っている自己像とずれており，実力が伴っていないのではないかという予感をもっているタイプである。実力を示さないといけない場面になると，「優れた実力をもっている人間である」という自己像が崩壊し，恥をかくかもしれないという恐怖を体験する。

不登校に多いのは第二のタイプであり，「恥をかくかもしれない」という予感からくる恐怖を回避するための行動がひきこもりであると考えられる。

(b) 完全癖

現実の実力以上の自己像をもつ子どもの場合，その自己像に合うようにものごとを完全にやり遂げなければならない。やり遂げようとがんばるが，それでもやり遂げられなかった場合，本人には「できるはずなのにできない」という思いが残る。周囲の友達からは「完璧主義でがんばるけれど要領が悪い」などのマイナスの評価がなされ，本人の自己像を揺るがすことになる。そのため，やり遂げようという思いに常に駆り立てられてがんばるが，やがて精神的なエネルギーが消耗してしまい，がんばることができなくなる。できない自分をさらすことは「恥をかく」体験となるため，それを回避するためにひきこもるということになる。

(c) 自己への自信と不信の共存

上記のようなひきこもりには，それまでに維持していた「がんばればやり遂げられる」という自己と，このたび体験した「がんばってもやり遂げられない」自己の間に「引き裂かれ状態」が起こっている。「がんばればやり遂げられる」

という自信に満ちた自己像を維持するためには，恥をさらさないように周囲の人との現実的な接触を断ち，家に静かにひきこもっているのが一番である。このことは，不登校の子どもが一日中家に閉じこもってマンガを読んだり，インターネットをして過ごしたりしている姿を思い浮かべると納得がいくだろう。こうした状態は周囲から見ると，ただの怠けのようにしか見えないかもしれない。しかし，彼らの心のなかでは常に上記の2つの自己像が葛藤し，強い緊張感が漂っている。そうした状態のなかで，親が「そろそろ学校に行ったらどうだ！」「少しは勉強したら？」という言葉を発すると，子どもには「学校に恥をさらしに行けというのか！」「がんばって勉強してもできなかったつらさをまだわかっていないのか！」という反応が引き起こされ，それが激しい怒りを伴った暴力的な行動として表現されるのである。

4 ── 能動的自我の自律性を獲得すること

　上記のような不登校によるひきこもりについて，心理学的な観点からの望ましい対処方法はどのように考えられるのだろうか。これにはエリクソン（Erikson, 1950）がライフサイクルの第2段階である幼児期の発達課題としてあげた「自律性」の概念が参考になると思われる。幼児は親から社会的規範に基づくしつけを受け，そのしつけを「主体的に取り入れることで」現実への適応力を身につける。このプロセスが自律性の獲得である。これがうまくいかない場合は「恥と疑惑」，つまり，社会的規範に従うことができない恥ずかしい自分，「いったい自分はどうなっているのか？」といった自身への疑惑を強く意識することになる。鑪（2002）は，上記のように子どもがしつけを主体的に取り入れる欧米人の自律性を「能動的自我の自律性」とし，日本人の自律性を「受動的自我の自律性」とした（図2-1）。日本において，子どもはしつけなどの外から与えられる力を「主体的に取り入れる」ことで自己実現する力を獲得するのではなく，外から与えられる力に子ども自身が「適応する」という形を取る。これを親と子の心理的な場として描いたのが，図2-2の(a)である。このように外界，つまり子どもが親にとりこまれる形で適応するのが日本の親子関係であり，(b)のように親と子どもの間に一種の分離が行われていて，両者の間では相互作用が行われるのみというのが欧米の親子関係である。日本

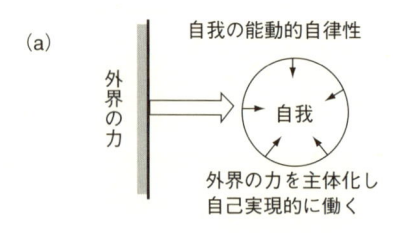

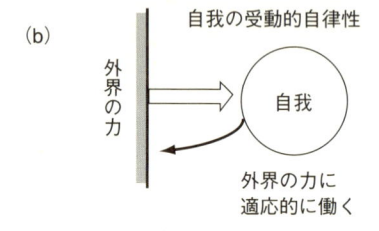

図2-1 自我の能動的・受動的自律性 (鑪, 2002)

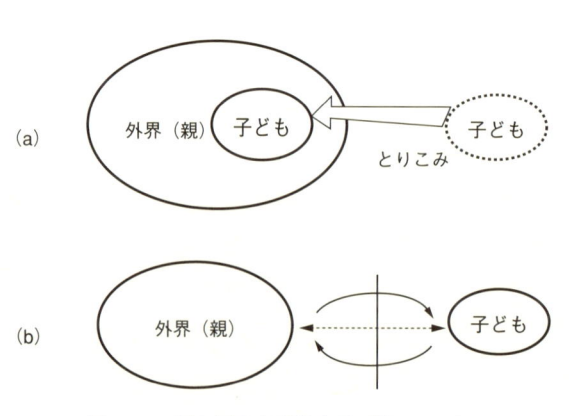

図2-2 親と子の心理的な場 (鑪, 2002)

の（a）のような形では，「親に怒られないように」行動するというような，外から与えられる力をうまく受け入れ適応する能力は獲得されるが，他方，内的な力の強化，自分自身を実現する力は形成されなくなる。

　不登校の子どもが真の自己実現を求めて行動するのではなく，周囲の自分自身に対する期待に応え，ポジティブな評価を維持し，「恥をかかないように」行動しようとしていたのはこのためである。ひきこもりはこうした行動が破綻をきたしたための行動であると考えられる。したがって，不登校によるひきこもりへの心理学的な観点からの対処方法としては，以下のような方向が望ましい。つまり，子どもが周囲からのネガティブな評価を恐れ，「恥をかかないように」適応的・受動的に行動する方向ではなく，「がんばってもやり遂げられない」現実の自己を詳細に見つめ，恥の体験を受け入れ，現実との折り合いをつけられるような能動的な自我の自律性を獲得する方向に向かうよう，親や教師が配慮することが望まれる。

4　対人恐怖と自己愛の障害

❶——対人恐怖の輪郭

　あなたは，少人数のゼミの時間などに，自分の発表の順番が回ってくるまでの間，ドキドキする胸の鼓動に緊張している自分を感じたことはないだろうか。あるいは，結婚式などのスピーチを頼まれたのはよいが，衆目を前にあがってしまい，あらかじめ考えてきた話の内容も記憶のかなたにすっ飛んで，頭が真っ白になり，冷や汗をびっしょりかいたという経験をもっている人もいるのではないだろうか。

　対人恐怖症とは，このような対人場面での人見知りや生理反応を伴う緊張状態，予期不安など，広く一般的に認められるレベルのものから，赤面恐怖や視線恐怖などの構造化された症状をもつ神経症水準のもの，加害恐怖的ニュアンスを伴い関係妄想性を有する「重症対人恐怖症」「思春期妄想症」などと呼ばれる重篤なものまで，幅広いスペクトラムを有する症候群としてとらえることができる。「対人恐怖」という名称から，外的対象としての自分以外の他者を恐怖する病態がイメージされるが，赤面したり動揺したりしている自己の姿の

露呈を恐れる，いわば「独り相撲の病理」というところに対人恐怖の本質がある。自意識が高まる思春期，青年期に好発し，成人期・中年期に達すると自然軽快するといわれている。

具体的な症状としては，自分の顔が赤くなるのを恐れる「赤面恐怖」，他者の視線が気になる「視線恐怖」，自分の視線が他者に不快感を与えるのではないかと気にする「自己視線恐怖」，自分の表情がおかしいと思われているのではないかと気に病む「表情恐怖」，自分が吃ってしまうことを恐れる「吃音恐怖」，人が見ているところで字を書く際に手が震えてしまう「書痙」，人のいるところでは排尿ができない「排尿困難恐怖」，人と同席の場面での食事に困難を覚える「会食恐怖」，自分から嫌な臭いが出て周囲の人に不快な思いをさせていると思いこむ「自己臭恐怖」，自分の外見上の醜さが他者に不快感を呼び起こしているとする「醜形恐怖」などがあげられる。

森田療法と呼ばれる，日本独自の神経症学説および治療理論を創始した森田正馬は，対人恐怖の症状形成を次のように説明している。ヒコポンドリー性基調（自己の身体的不調に過度にとらわれ気に病む心性）をもつ人が，何らかのきっかけから自己の身体的現象（たとえば赤面や手の震えなど）に注意を向ける。その現象をなくそうとして注意が集中する結果，ますますその感覚が鋭敏に感じられるようになる。そしてさらにその方向に注意が固着するといったように，注意集中と感覚鋭敏化の悪循環（森田理論では「精神交互作用」と呼ばれる）が生じる。これによって症状が発展・固定して対人恐怖症が形作られる。また森田と高良（1953）は，対人恐怖症者の病前性格について，「恥ずかしがることをもって自らふがいないことと考え，恥ずかしがらないように苦心する負け惜しみの意地張り根性」と記している。

対人恐怖症者の心理的特徴の1つは，二面性にあるといわれている。近藤（1970）は，対人恐怖症者の葛藤を，他者によく思われるように，いつも相手の気持ちを察していなければならないという「配慮的要請」と，他者に優越して偉くならなければならないという「自己主張的要請」との矛盾的緊張関係として描写した。また，三好（1970）は「うぬぼれていながら完全にはうぬぼれきれていない」心理状態を指摘し，内沼（1977）は自他合体的志向である「没我性」と自他分離的志向である「我執性」の二面性を指摘しているが，これ

らをまとめて自我の「強力性」と「弱力性」の矛盾・葛藤ととらえる研究者もいる。

対人恐怖が生じる対人場面には一定の特徴があるといわれている。見ず知らずの群衆のなかでは対人恐怖は生じにくい。また，親しい家族や友人との間でも起こらない。その中間的な親しさをもつ「半知り」レベルの社会場面，集団場面で対人恐怖が生じる。そのような場は，どれくらいなら「甘え」の欲求を表出してもよく，どの程度気をつかわなくてはならないかの判断に苦しむ状況であり，自己をその中に定位することが難しい集団場面といえる。

2 ── 自己愛の障害としての対人恐怖

従来，対人恐怖は日本に多く見られ，海外での報告が少ないことから，集団の和を重んじる日本文化の特質と密接に関係する日本固有の神経症と考えられていた。しかし，近年欧米において，コフート（Kohut,H.）による自己愛理論の台頭を契機に自己愛性人格障害の研究が進み，「恥」に関する精神分析的研究が徐々に注目されるようになったことと並行して，対人恐怖が必ずしも日本固有のものではないと考えられるようになってきている。

対人恐怖症者が最も恐れ忌み嫌う感情である「恥」と自己愛の関係に着目したのは，アメリカ在住の精神分析家，岡野憲一郎である。岡野（1998）は，恥と自己愛が表裏一体の関係にあり，自己愛的な欲求の破綻により生まれる感覚が恥であるとする。そして恥の感覚の代表的なものとして，羞恥（shyness）と恥辱（shame）をあげている。羞恥（恥じらいやはにかみなども含む）は，自分が他者の注目を急に浴びるような状況で，他者と異なることを突然意識したときに反射的に生じる感情であり，それは自分が優れている場合にも劣っている場合にも生じうる。羞恥のレベルにおいては，その感情を抱く本人がそれほど悩むことはない。一方，恥辱はもう少し深刻で，自己価値の低下や自分自身に対する不甲斐なさを感じるものである。そして対人恐怖は恥辱の感覚が深刻に本人を悩ましている状態であると，岡野（1998）は説明している。

近年，自己愛性人格障害を2つのタイプに分けて理解する見方が広まっている。ブルーチェック（Broucek, 1991）は，誇大的傾向が強く，傍若無人な「自己中心（egotistical）型」と，ひきこもりがちで恥の感覚が強く，強

烈な自意識のもち主である「解離（dissociative）型」の2つに自己愛性人格障害を分けている。またギャバード（Gabbard, 1989）は、他者との関係における自分の尊大さや自己顕示性の影響に気づいていない「無自覚（oblivious）型」と、他者の反応を過剰に気にして、自己主張や自己顕示を抑制する「過敏（hypervigilant）型」に分けている。これらにほぼ対応するものとして、クーパー（Cooper, 1997）の「顕在型」と「潜在型」、ウィンク（Wink, 1991）による「誇大－自己顕示型」と「脆弱－過敏型」の分類がある。

岡野（1998）は、すべての対人恐怖に当てはまるわけではないとしながらも、「過敏型」の自己愛障害という視点から、対人恐怖症者の性格構造を描き出している（図2-3）。上述した対人恐怖症者の二面性に基づく葛藤は、分極化された2つの自己イメージの間の揺れ動きとして説明される。

対人恐怖症者は、自分を恥ずかしく思う気持ちが強いと同時に、人前で完璧にふるまいたい、それによって他者から尊敬や羨望の眼差しを向けられたいという願望も強く抱いている。その結果、極度に理想化された自己イメージである「理想自己」と過度に卑下された自己イメージある「恥ずべき自己」との間を揺れ動き、安定した自己像を描くことができない。他者の注目を集め、喝采を浴びることで自己愛を満足させようとするが、実際にそのような状況が実現しそうになると、それに対する恐れが生まれる。自分が特別の能力を発揮した場合、他者の羨望を招いて怒らせてしまい、自分の存在があやうくなるのではないかという不安を抱く。あるいは、自分が身分不相応なことをしているのではないか、自分にはそのような資格はないのではないかという罪悪感を抱いて

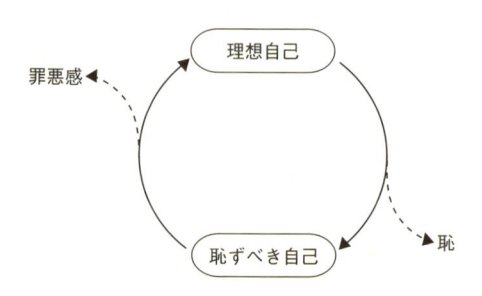

図2-3 分極化された「自己」イメージ（岡野, 1998）

しまう。その結果，彼らは「恥ずべき自己」の方を選択せざるを得ない。しかし，「恥ずべき自己」は，最も忌み嫌う自己の姿なので，そこにとどまることはできない。彼らにとって，自分が平凡な人間であったり，他の人よりも劣っていたりするような，恥ずべき存在であると考えることは耐えがたいことなのである。ギャバードのいう「過敏型」自己愛性人格障害の特徴を有する対人恐怖症者の場合，「恥ずべき自己」を仮のアイデンティティとする傾向にある。対人場面での緊張が極端に強い場合，自己の能力を誇示したり，自分の考えを積極的に主張したりする行為には無理が伴い，結果的に恥の上塗りといった事態を招きかねないため，そのような自己主張場面は徐々に回避されるようになる。しかし，「理想自己」イメージも捨て去ることはできず，それは彼らの空想の世界において肥大していくこととなる。そして実際の対人場面における消極的な態度や不甲斐なさは，自分の真の価値とはなんら関係のないものとして合理化し，「理想自己」イメージを温存し続けることとなる。

　「過敏型」自己愛に関する研究はまだ歴史が浅いこともあって，その状態像の正確な描写が待たれるところである。クーパー（Cooper, 1997）によれば，ウィンク（Wink, 1991）は，複数の評定尺度，配偶者の陳述，MMPI（の一部）を用いて自己愛性人格障害者の心理特徴を分析している。彼が「脆弱-過敏型」と名づけた一群の特徴については，「防衛的で過敏であり，不安が強く，社会的に控えめで寡黙（かもく）な人であるが，その対人関係は自己耽溺（たんでき）的で自惚（うぬぼ）れに満ち，傲慢で，自分のやり方に固執するなどの目立った特徴がある」，「脆弱-過敏型に最もはっきりと識別できる障害は，不安と悲観，満足感の欠如，生活のなかで遭遇する心の傷つきにひどく弱いことである」，「彼らは，複雑で多面的な構造をもち，彼らの多くの特徴を自己陳述や観察者の判断だけで評価するのは困難である」などと記述されている。

3 ── 恥の病理に関する発生論的・比較文化論的学説

　岡野（1998）は，ブルーチェック（Broucek, 1991）やモリソン（Morrison, 1989）らの著作を参考にしながら，恥の病理が「過敏型」自己愛性人格障害者の幼少時の精神発達において，どのような過程を経て発生するに至るかを考察している。岡野（1998）によれば，恥の病理の発生機序には「親に植えつけら

れた恥」と「親から借り受けた恥」の2つのタイプが想定されるという。

「親に植えつけられた恥」の病理を形成していく子どもの場合，その親は自ら恥の病理をもっているが，自分の恥の感覚を子どもへと投影することにより，そこから逃れようとして「投影性同一視」の機制を用いるとされる。親の恥ずべき自己はすべて子どもへと投げ入れられ，親の権威や強さが子どもに押しつけられると同時に，子どもの意志や達成欲求は無視される。子どもは自分がそのように強く完璧な親とは似ても似つかぬ，弱く恥ずべき存在として自己を認識してしまう。このような親の態度は，コフート理論から見ると鏡映機能の失敗ということができる。親が子どもの価値を認めず，無視したりばかにしたりすることは，子どもの自己愛を温かく見守るべき自己対象の機能不全としてとらえられる。

一方，「親から借り受けた恥」の場合，親自身の中に「恥ずべき自己」イメージが保持されている。そして，その子どもは，親のみじめさや恥を自分のもののように感じてしまう。そこには「取り入れ性同一視」の機制が働いている。親が恥をかきやすい性格の場合，その子どもの側に，親だけを恥ずべき存在にさせず，自分もその恥を分担することで親の恥を軽減しようとする無意識的動機が働いているとされる。それは親を越えてしまうことに伴う「前エディプス的罪悪感」に対する防衛ともなっている。このような親のあり方は，コフート理論からみると，理想化されるべき自己対象の機能不全と考えることができる。このような場合，子どもは理想化できる対象の不在を，親が自分に期待する理想的なイメージよって補充しようとする。そして，これこそが「過敏型」自己愛性人格障害者が有する極端な「理想自己」イメージを形成していく要因となる。そして，「恥ずべき自己」と「理想自己」の解離という自己愛の病理，恥の病理が発生すると，岡野（1998）は考えている。

鑪（1998）は，エリクソン（Erikson,E.H.）の発達理論を軸とする独自の対人恐怖症論を展開し,恥の発生機序に関する比較文化論的な考察を行っている。鑪（1998）は，エリクソンの個体発達分化図式の中の「自律性 対 恥・疑惑」の段階に注目し，日本においては真の自律性が形成されにくく，アモルファス（曖昧模糊とした状態）な自我内容と皮膚自我（「表」と「裏」,「本音」と「建前」といった対人関係の二重構造に支配された日本社会において他者の思惑の

表と裏を即座に判断し，反応していく対人関係の敏感性をつかさどる器官）の硬化により日本特有の恥の感覚が醸成されやすいとしている。

　ロニングスタム（Ronningstam, 1997）は，自著"Disorders of Narcissism"の日本語翻訳版（佐野，2003）序文の中で，鑪（Tatara, 1993）を引用しながら，「西欧においては，自己主張とか羞恥に基礎づけられた攻撃性の方が認知されやすい素地があり，これがより自己顕示的で尊大なタイプの自己愛性人格障害につながっていく。一方東洋においては，攻撃性と緩和された自己主張を含みながらも，支え包み込むような感情を重視するために，自己愛的葛藤や反応を内面に封じ込める姿勢が促され，これが過敏型の自己愛人格障害へと結実する」とし，社会文化的差異が自己愛的な反応や病理の現れ方に及ぼす影響について言及している。彼女はスウェーデン出身で現在ハーバード大学の臨床心理学助教授を務めているとのことであるが，スカンジナビアの一部の国では，日本と同じように，内気さや個人の謙虚さなどが広く受けいれられており，「徳」とさえ考えられているという。

　残念ながら，日本の臨床家による「過敏型」自己愛人格の研究はまだほとんど見受けられない。鑪，岡野，ロニングスタムの三者は，いずれも「過敏型」あるいは「潜在型」の自己愛が育まれやすい風土をもつ国に生まれ育ち，成人後アメリカでの生活を経験している人たちである。このことは，自国を一度飛び出して，誇大性の顕示が許される社会に身をおいた者でないと感じ取りにくいほどに，われわれ日本人は「過敏型」自己愛が普遍性を有する社会にどっぷりと浸かっているということの証左なのかもしれない。

Column ⑧
カルト信仰と自己愛

　カルト（cult）とは、辞書的には「特定の人物や理想、事物に対して向けられる、儀式的なしきたりをもった過剰な献身、崇拝。またその対象となる人物や観念、事物」と定義される宗教用語であるが、現代では破壊的カルトの活動が問題となっている。

　人は、自分自身の存在を否定されるような体験に現実的な対処ができないと、理想的な世界や万能的な自己という空想をもつことによってこころの安全を守ろうとすることがある。これは個人の空想である場合もあり、また集団の共同幻想でもありうる。「まちがった現世」は滅び、超越した力をもつ救済者が「正しい世界」を導くという終末論的世界観は、ユダヤ教の救世主思想に端を発する特徴的な信仰のあり方といえる。

　思想改造や被爆者に関する研究で知られるリフトン（Lifton, 1999）は、オウム真理教の分析である『終末と救済の幻想』で、教祖と弟子の関係を「グルイズム」とよんだ。リフトンは、グル（教祖）が弟子たちを一方的にマインドコントロールしたのではなく、両者が相互依存関係にあったと論じている。

　グルは弟子たちを支配し、彼らの能力や資源を思いのままに利用することで、彼らに対してだけは万能的な救済者でありつづけることができた。一方、弟子はグルを理想的な存在として認識し、それに近づくべく努力（修行）することで認められ、自己の拠り所を得ようとした。このようにお互いの自己愛を支えあうことそのものは、健康な対人関係でも起こりうる。しかし、彼らを結びつけている関係の基盤には非現実的な幻想があり、これが彼らの思考や行動の原理でもあるため、周囲の現実世界との間で摩擦が生じやすい。周囲の者は対処に苦悩するが、彼らの側も現実社会から脅かされると感じるのであり、「まちがった現世」の幻想や逸脱行為がエスカレートしていく。

　もちろん、犯罪とみなされる彼らの行為は適正に裁かれなければならないが、彼らの異常性を論じるだけでは有効な援助につながらない。彼ら自身の存在を脅かしたのがどんな体験で、なぜカルトに引きつけられていったのか（それはけっして了解不能なものではないと思う）という視点で理解する姿勢が、援助者には求められる。

　このコラムでは主に破壊的カルトへの信仰について述べたが、必ずしもカルトは特定の信仰や宗教のみをさすわけではなく、またすべてのカルトが反社会的な活動を行っているわけでもない。しかし、ある種の自己啓発セミナーや経済共同体など、外部との接触を制限された状態で活動をともにする集団のうちのいくつかはカルト的な側面をもっており、活動への勧誘や離脱等をめぐってトラブルに発展する事例がある。こうした問題への理解と対処にも、カルト信仰に関する知見が役立つだろう。

Column ⑨
ストーカー事件と自己愛

　ストーキング（stalking）とは、「忍び寄ること」から転じて、特定の相手につきまとい、嫌がらせや脅迫などをくり返す一連の行為をさす。この問題は、傷害や殺人に至ったいくつかの事件（1999年10月・桶川；2000年4月・沼津など）で広く知られるようになり、わが国でもようやく法規制が実施された。行為の主体であるストーカーの病理は、その動機や発生状況などにより複数の類型に分けられる（性的倒錯や種々の精神障害を背景にもつものもある）が、ここではその主要な一群である「拒絶型・憎悪型」のストーカー（Mullen et al., 2000）の心理的側面について述べる。

　自己愛との関連では、「自己対象」との関係がこの問題を理解する手がかりとなる。自己対象とは、思考や感情、経験などの主体である自己に対して受容や共感、承認、賞賛などを与える対象のことであり、発達的にはまず母親がその役割を果たす。自己対象の働きによって、自己は空間的・時間的なまとまりや調和をもって機能することができる。もちろん、母親がいつも子どものそばにいて完全に共感できるはずはないが、そのような不快体験も適度に味わうことで自己対象は内在化され、自分なりに不快や緊張を鎮め、自己のまとまりや調和を自分で維持する力が身につく。このこと自体は、自己愛が健康な発達を遂げるためには誰もが必要とする体験である。

　何らかの理由で自己対象が十分に内在化されていない場合、外的世界にそのような対象を求め、そうした対象を自己の一部あるいは所有物であるかのように支配しコントロールする。内面の自己像は、理想的で誇示すべき自己と情けない恥ずべき自己との両極端を揺れ動き、けっしてその中間に安定することができないかのようでもある（岡野, 1998）。「拒絶型・憎悪型」のストーカーの場合、現実の相手との関係は非現実的な要求や嫉妬に強く色づけられるため、遅かれ早かれ摩擦が生じる。しかし、本人にとって自己対象の体験をもたらす相手を失うことは、自己のまとまりを失うことにもつながり、耐えがたい苦痛となる。このため、関係をつなぎとめようとして手段を選ばず執拗に接触を図る。その一方で、自分を拒絶した相手に対する怒り（自己愛的憤怒）も激しく、破壊的な衝動によりさまざまなトラブルを引き起こすのである。

　このコラムではストーカーの問題を中心に述べたが、ドメスティック・バイオレンス（DV）やある種の児童虐待においても「思いどおりにならない相手」を傷つけるという、ストーカーの問題に似た事例がみられる。特にDVは「男女関係のもつれ」ととらえられてきた経緯があり、その被害があまりにも軽視されてきた点や、被害者の保護・支援に課題が多い点は共通しており、理解や対応を相互に学ぶことができるだろう。

Column ⑩
犯罪と自己愛の障害

　犯罪には複数の要因が絡んでいるが，自己愛と関連した問題を1つの要因として考慮すると，より深い理解が可能になることがある。自己愛は自己を価値あるものと思いたいという欲求とかかわりが深いが，他者から自己の価値を決定的に傷つけられ，無力な立場のまま屈辱にさらされるような状況におかれたときに噴き出してくる怒りがある。コフートはこれを「自己愛的憤怒（ふんぬ）」と呼んだ。そして，このような怒りは，他者への破壊的攻撃につながりやすい。コフートは重要な他者の共感の失敗が自己愛的憤怒を引き起こすと考えていた。このような状況におかれた人がすべて犯罪にはしるわけではないから，これが犯罪につながるには別の要因も関与しているであろうが，確かに，自己の価値や方向性を見失っているような状況において自己の価値をひどく傷つけられたと感じる出来事に遭遇したとき，それまでは犯罪と無縁であった人が自己愛的憤怒の犠牲になる場合がある。

　失業し，再就職がうまくいかないことからふさぎこんでいた（ふだんは善良な）夫が，妻から「甲斐性なし」と非難され，気がつくと妻を包丁で刺殺していたという事件の話を聞いたことがある。この夫を擁護するつもりはないが，悪条件が重なったことが不幸であった。

　また，最近の少年犯罪などをみていると，自己を肯定的に評価できないどころか自己が存在しているという感覚さえ希薄な人が，自己の存在を実感したくて犯罪にはしったと思われるケースがある。影山（1999）は，このように自己の存在を確認し，社会に自己の存在を映し出そうとして行われた犯罪を「自己確認型」犯罪と呼んでいるが，これも自己愛の病理と無関係ではない。神戸の小学生連続殺傷事件もその一例であろう。この事件を起こした少年は，そのような存在感のない自己を「透明な自己」と表現した。ただ，このレベルまでいくと，自己愛というよりも，その基盤となる自己感覚が希薄なのだと考えた方がよいかもしれない。なお，この事件における精神鑑定では生来的要因が強調されていたが，仮にそうだとしても，それを引き出した環境的要因を無視してはならないであろう。その後の処遇により彼がどれだけ人間らしい心を回復したのかについては議論が分かれているが，彼が少しでも人間性を回復したのだとすれば，彼にかかわった医療少年院のスタッフとの心の交流が一定の役割を果たしたと思われるからである。

第3章
自己愛の障害をもつ青少年への対応

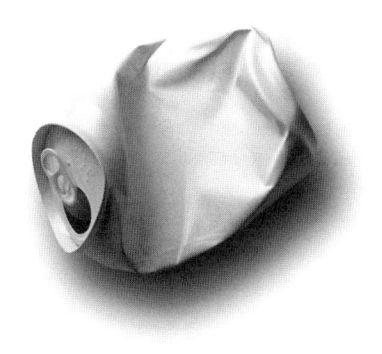

第1節

対応する際の原則

　この章では，自己愛の障害に対応する際の原則と対応の実際を紹介する。まず，第1節では，自己愛の障害を「尊大で自己顕示的なタイプ」と「過敏で傷つきやすいタイプ」に分け，それぞれにおける対応の原則を説明する。ただし，ここで述べる原則は，それぞれのタイプの純粋型を想定したものである。第2章でも述べたように，実際の事例では両者の特徴が混在していることが多いので，本章で紹介する基本原則を参考にして事例に則した対応を考えていただきたい。

　また，第2節では，自己愛の障害がみられる事例について，具体的な援助のプロセスを紹介する。場面としては，スクールカウンセリング，外来カウンセリング，援助グループの場面を取り上げる。実際の臨床や教育の現場でみられる事例は多様であるから，それらの典型をここに網羅することは困難であり，あくまで参考例にすぎないことをお断りしておきたい。また，ここで紹介する事例は，実際の事例を下敷きにしてはいるものの，守秘義務を守る必要から，複数の事例を組み合わせたり，内容に脚色を加えたりしたものであり，実際の事例そのものではない。

1　尊大で自己顕示的なタイプ

　「尊大で自己顕示的な」青少年がわれわれの前に見せる姿は，われわれの立場によって異なるであろう。個人療法を中心とする精神保健専門家なら，彼

らが何らかの喪失や挫折を体験して抑うつ状態に陥ったときに出会うことが多く，社会的機能不全が訴えとしてもち込まれるであろう。そのような場合，事態に対する気持ちの落ち込みや揺れと強がり，虚栄心，警戒心が織り重なり合って表れてくることが多い。また，治療的集団のなかで会うのであれば，彼らのより尊大な部分が前面に出るのを見ることだろう。いずれにせよ，これらは臨床的な問題として理解され，扱われるはずである。他方，教育現場であれば，彼らの態度が尊大であるために周囲（ないし特定の人）から問題視される場面に出会うであろう。本人には自分自身の問題としての自覚が希薄であり，本人の訴えは対人関係上の問題，相手や集団に対する苦情という形を取りやすい。このあたりは，教師の人を育てる手腕が問われる場面であるが，スクールカウンセラーなどの心理臨床家などとも協力しうる問題である。

個々の場面での差異は当然あるにしても，典型的なナルシストに対する対応の基本線，留意すべきこと，そして障壁となりやすいことの中心的問題と対応の基本的原理には共通する部分が多々ある。その原則を理解することで，個人の理解を深め，かかわりの質を向上させていくことが可能であると思われる。以下においては，それを見ていくことにしよう。

1 ── 基本的姿勢の検討

これまでに述べたことからおわかりの通り，彼らの特徴である強烈な誇大性や万能感は人格的な脆弱性の表れであり，傷つきやすい自分を必死に守ろうとする苦闘そのものである。したがって，彼らの人格発達上の課題を単純化していうならば，自分と現実とのほどよい関係を見いだすことといえる。

この点にいかにアプローチしていくかについて，精神分析の流れでは1970年代から大きな論争が展開されてきた。一方はカーンバーグ（Kernberg, 1975, 1984）を中心とする流派で，解釈による現実認識の増大を目指すアプローチであり，もう一方はコフート（Kohut, 1971, 1977, 1984）を中心とする流派で，共感による発達再開を目指すアプローチである。自他分化に基づく客観性の重視と病理の改善の強調という立場と，融合を許容する主観性（または間主観性）の重視と成長志向の強調という立場はあまりに対照的であるため，どちらかだけが正解であると断定することは非常に困難である。むしろ，それらはいずれ

も重要な事柄であるといえる。そして、それぞれに落とし穴がある。

彼らにかかわろうとする側は、彼らの「現実」離れした言動に刺激され、「誤り」を指摘したくなりやすい。とはいえ、そのような言動をすべて受け入れることにすると、それがはたして彼らの成長に役に立つのか、ますます虚構の世界に入りこんでしまうのではないかという迷いや不安を体験するであろう。ミッチェル（Mitchell, 1988）は、そのような関係を、ダンスに誘われることの比喩を用いて説明している。すなわち、誘われたら彼らの踊り方で踊るか（共感重視）、その踊り方では踊らないか（客観性重視）のどちらか、なのである。その二者択一性を越えようとして、ミッチェルは、「提案されたダンスを楽しむとともにそのスタイルの単一性に疑問を呈する」こと、言い換えれば、彼らのスタイルを承認しつつ、そのレパートリーを増やすことを提案している。このような考えは、スポットニッツ（Spotnitz, 1969）、ネルソン（Nelson, 1968）、マーシャル（Marshall, 1982）などのいうジョイニング技法にも通底するところがある。いずれも、彼らの提示するものを用いて遊び、楽しみながら、彼らが自発的に別のやり方を模索していくように仕向けるところに真骨頂がある。これらの技法は、ナルシストとのかかわりにおいても非常に重要な要素を含んでいると思われる。これらを基に、対処の原則をもう少し具体的なレベルで描写してみよう。

2 ── 対応の原則の具体像

（a）お互いがいやすい位置を見つけること

まずは近づいて「ダンス」をしてみなければ、関係は始まらない。とはいえ、こちらが我慢しすぎても意味ある関係にはなりにくい。相手を拒絶したり圧迫したりすることが無益であることはいうまでもない。そこで、お互いにとって、いやすい距離を見いだすことがポイントとなる。そのためには、まずこちらが安心できる場所を見つける必要がある。彼らを拒絶したくなることへの対応としては、彼らのなかに「かわいげ」のある部分を見つけることが1つのヒントになるだろう。彼らには、じつにナイーブな「かわいがられたい」欲求がある。本人はそれが外に出ないようにがんばるわけだが、いろいろなところからにじみ出ているものである。それをこちらがキャッチして、彼らのことをとらえ直

してみることができれば関係が変わってくる。こちらがリラックスしていれば，そのことは相手にも基本的安心感を提供するものとなる。しかし，これに対して彼らが拒絶を示すこともある。おそらく，こちらが彼らの守っている境界を侵犯したことを彼らが敏感に察知したのである。その際にはこちらの手の内に入れようとせず，相手が求める距離までさがってみる。そのようにして，お互いが安心していられる距離を調節していくのである。この距離調節は関係形成の初期にとりわけ意味をもつが，継続的に留意すべきポイントである。そして，お互いにいやすい位置が増えていけばよいのである。

(b) 勢いを生かすこと

関係がそれなりに形成されたならば，彼らはかかわってくれる人を鏡にして自分を誇示し始めるであろう。彼らが必要としているのが心理的傷つきの手当てであったとしても，いやそうであればこそ，強がってみせなければならなくなるのである。しかし，その強がり，尊大さ，誇大性は自分自身を動かしていくための原動力として役立っている。内容が非現実的ではあっても，彼らの考えは勢いを伴っている。その勢いで，これまでもたくさんのことを成しとげてきているはずである。内容の是非を問うよりも，その勢いを生かすことを考えてみよう。彼らの勢いを殺さず，むしろそれに乗って「ダンス」することを考えてみるのである。その方がおもしろいダンスになるだろうし，創造的にもなりうる。また，彼らがこれまで自分を支えてきたやり方を再確認することで，彼ら自身の健康な自己愛を取り戻すことにも役立つ。

(c) 問題の具体的事実について話をすること

強がりの表れとして，彼らは相談事項を非常に現実的な事柄に絞って来談することが多い。そのような場合，彼らの心理的サポートへの希求が明瞭であっても，深追いしないで彼らの「顔を立てる」のである。批判をしないでその問題をていねいに聞き，問題の具体的事実を話し合うことは，その問題に対する取り組みの可能性を検討していく道を開く。彼らはその問題に関与しているという自分の責任を認めることが難しい。また自分が困っているのだということを率直に言うことも難しい。しかし，じっくり話すことを体験することは，自分のダンスを押し付けるだけではなく，レパートリーを広げるための第一歩となる。

一例としては進路相談があげられる。望む進路の要求水準と実力がかけ離れている場合,「それは無理だろう」と言ってしまうことは簡単である。「努力すればできるよ」と言うのも同様である。どちらの対応をとったとしても,心を育てる関係を形成していくことはできない。とはいえ,意欲をもっていることそのものは評価できることである。その勢いは生かしたい。また,実際にできるかできないかの判断は彼らにしてもらうことが望ましい。そのため,相談場面は彼らの夢を具体的に描いて実現していくための作業として位置づけ,彼らを相談に誘うのである。そして,解決すべき事柄をできるだけ具体的に列挙し,わからないことは調べてもらい(場合によっては調べ方をいっしょに考え),一方で自分の適性・能力についても事実に即して検討してみる。そして自分を振り返って,できそうなことを探してもらうのである。特定のポイントについては,「ここは伸ばす余地がありそうだけど」とコメントしてみる。このとき,ポイントをできるだけ小さく絞り込むことがコツである。その方が自己愛的ダメージも少なく,現実的対処策も講じやすい。彼らに自分の課題を考える機会を提供し,自分を伸ばす方法をいっしょに見いだすつもりで臨めば,相談は有益なものとなりうる。さまざまな気づきがもたらされて彼らが自分の問題を考え始めたり,比較的現実的な進路にさりげなく変更したりすることも多い。

(d) 能力を見いだすこと

彼らとの「いやすい位置」を増やしていくためには,こちら側が積極的にその位置を発見していく努力を継続しなければならない。そのためには,逆説的だが,彼らが主張する能力以外の能力を見いだしていくことも重要である。しばしばそれは有害と見えるもののなかに潜んでいる。彼らの粗い動きのなかに「ダンス」を広げる可能性を見つけるのである。たとえば,かわいげがあるとは思えない彼らの不快な部分を「〜できる能力」と名づけてみることで,彼らのもっているポジティブな力を発見できることがある(神田橋,1990参照)。たとえば,鼻もちならない自己顕示も,「率先性やリーダーシップの」芽である。知識をひけらかす傾向は,「人に教える能力」,「堂々とものを言う能力」,あるいは逆説的だが,「知識の陰に自分を隠す能力」と見なすことができよう。集団場面であれば,彼らにふさわしい役割を与え,それを補助するようなかかわりをしていくならば,彼らの能力を伸ばしていく上で役に立つだろう。「人に

教える能力」は,「世話をやく能力」へと伸ばしうる。とはいえ,実際に能力を伸ばすこと以上に,こちら側が関係を硬直させず,さまざまな可能性に開かれていることが重要である。

(e) より積極的な遊びへ

いっしょにいて,お互いがそれなりに安心できるようになったならば,より遊びの色彩の濃いかかわりが可能になる。それがジョイニング技法である。ごく端的にそのエッセンスを述べるなら,誇大感を積極的にふくらませることで,相手に新たな反応パターンを選ばせるのである。たとえば,「その程度のことを目標にするのでは君のプライドが許さないだろう。君の優秀さからいったらグラミー賞（アカデミー賞,ノーベル賞など）がふさわしいと思うけど,狙ってみたらどうだい？」などと語りかけるのである。彼らが「先生,何を馬鹿なこと言ってるんですか」というなら,成功である。現実検討について話し合う第一歩である。コツは,こちらが楽しんで向こうの話に気楽に乗ることである。要するに,相手の勢いにそのまま乗るなら,向こうは自分で体勢を修正しなければならなくなるわけである。そのような体験を通して,ミッチェルのいうダンスの幅を彼ら自身が広げていくことができる。技法の詳細は先にあげた文献を参照していただきたいが,この技法にはこちらの即興性や演技力が必要であり,修練なしに安易に行うべきではない。

(f) 自虐性への対処

ナルシシズムは自虐性へと展開もしくは反転していくことがある。関係の深まりに基づく恥や抑うつ気分の率直な表明であれば,それに関する理解を積極的に深めていき,心理療法の中核過程への移行が可能になるであろう。しかし,こと自虐性に関しては「提案されたダンス」(Mitchell, 1988)の1つでしかないことに留意しなければならない。つまり,それを助けようと思えば別のタイプの反復的ダンスをしいられることになる。まずはこちらが鏡となって自虐性をそのまま映し返すことから始め,少しずつバリエーションを広げていくのである。ジョイニング技法を用いるなら,「そうですね,確かに君は何の価値もないね!」と応じ,彼らが「先生,いくらなんでもそこまでではありません」と答えれば成功であろう。

3 —— 注意点

(a) 援助者自身の感情的反応への対処

　彼らと「ダンス」を踊ることはけっして容易なことではない。かかわる側にさまざまな感情が引き起こされて，それ以上遊べなくなってしまうのである。その状態を受け入れ，どのように理解し，対処し，次の対応につなげていけるかを検討することが必然的に重要となる。以下にいくつかのポイントをあげてみる。

　まず何より，こちらが彼らから搾取されること，軽蔑されることなどによるイライラ感への対処が中心的問題であるだろう。そのイライラをそのまま相手にぶつけることは意味がなく，有害とさえいえる。むろん，こちらが体験するそのような感情に意味があるのだから，そのことについて彼らに問うてみること，言い換えれば面接過程や生育歴の再検討が可能あるいは必要であろう。つまり，彼らを理解する作業に立ち戻ることである。

　また，彼らのことをからかいたくなることがある。特に，彼らがナイーブな側面を見せた時には，そのぎこちなさがおかしく見えてしまうことがある。しかし，それは彼らが隠しもっていた恥と向き合おうとしている局面なのであり，発達再開の重要なサインである。おそらくそのようなプロセスに反応してこちらの恥感情が喚起されるためにからかいたくなるのであり，彼らを受け止められないことはこちら側の問題としてとらえるべきである。

　これとは逆に，しばしば彼らの誇大的な考えや表現能力の高さに魅了されてしまうことがある。こちら側が密かにもっている誇大感と共鳴するためであろう。それは彼らにとっては喜びとなるため，基本的には悪いことではないが，彼らの話を聞くことが楽しくなり過ぎたり，彼らの言うことがまさにその通りと感じられ，熱狂的に応援したりするようになると注意を要する。二人して現実感を失い，彼らを大きな落胆に追い込む危険をはらんでいる。そのような場合，彼らの魅力を否定しないように注意しながらも，二人の間でやり残していることがないかどうか点検する必要がある。

(b) 一人で抱えないこと

　ナルシストに対応する場合に限らず，まったく独力でさまざまな方略を試そうとしたり，抱えきれない感情を一人で統御しようとしたりすることは，こち

ら側の万能感の産物である。一人で抱えておかず，同僚，上司，スーパーバイザーなど，安全な相手を見つけ，率直に話してみることである。こちらが周囲に助けを求められることは，彼らと付き合っていくための重要な能力である。一通り話して落ち着ければ，理解すべき事柄が自然と見えてくることが多い。

4 ── まとめにかえて

彼らとのかかわりを意味あるものにしていくためには，常識的なやりとりとは雰囲気の異なる感覚が求められる。お互いの自由度を高めるために遊びが不可欠である。そして，それは彼らがこれまでの人生で得ることのできなかった関係なのである。かかわる側は，常に遊びの感覚を磨かなければならないのである。

2　過敏で傷つきやすいタイプ

過敏で傷つきやすいタイプ（以下，過敏型と略記）の人の典型的な臨床像を思い出してみよう。自分に自信がなくて，他者からの評価に敏感で傷つきやすく，ひきこもりがちで人目に立つ行動を避けるというのが，その主な特徴であった。このような人に接するとき，多くの人は，「もう少し自分に自信をもちなさい」，「人の目など気にする必要はない」，「もっと自分から積極的に行動したら？」，などと声をかけたくなるのではないだろうか。しかし，このような励ましやアドバイスは，過敏型の人に対してはあまり有効なものではない。たとえそれが相手に対する好意や心配の気持ちに基づいたものであっても，そのような働きかけに対しては，過敏型の人はいっそう自信をなくし，自分のことを批判されたと感じて，相手から距離をとろうとする可能性が高い。このように，過敏型の人の抱える気持ちの傷つきやすさを理解したうえでかかわらなければ，結果的に過敏型の人の気持ちをいっそう傷つけてしまう事態も生じかねないのである。

それでは，過敏型の人との適度な関係を維持するためには，そして過敏型の人に対して援助的なかかわりをもつためには，いったいどのような接し方をすればよいのだろうか。このことを考えるために，過敏型のパーソナリティの背

景にある自己愛の障害の形成過程について，コフート（Kohut, 1971, 1977）の考えを軸に簡単に振り返っておきたい。

コフートの見解に従うなら，自己愛の障害が生まれてくる背景には，生育歴の中でくり返されてきた，自己対象の共感不全がある。コフートの考えによれば，自己愛が成熟する過程は，自己対象からの共感的な対応によって自己愛的なニードを満たされつつ，自己対象に対する最適量の欲求不満経験を通じて，自己対象が果たす機能を内在化する過程である。このような考えに従えば，過敏型の人に接するうえでは，自己愛の発達停止による障害を，自己愛の成熟過程を再始動させることで緩和，克服していくという基本的な視点が重要になる。

以上のことを再確認したうえで，過敏型の人への対応について考えを進めたい。主にカウンセリングや心理療法の場における対応について述べるが，それらはいずれも基本的に日常場面で求められる対応と重なるものである。

■1──恥の感じやすさへの配慮

すでに説明したように，過敏型の人は，非常に恥を感じやすい。まず大切なのは，この恥の感じやすさに対する配慮である。このような配慮が十分になされないと，過敏型の人はその人間関係から身を引いて，関係を断ってしまう可能性が高くなるのである。

カウンセリングや心理療法といった面接関係は，クライエントにとって，恥ずかしい思いをするのではないか，相手から劣った存在とみられるのではないかという不安を刺激するものである（北山, 1996; 岡野, 1998）。なぜなら，面接場面においてクライエントが自分の経験と感情について話すということは，クライエントにとって隠しておきたい，人から見られたくない，自分では否定的に評価している自分の一部を，カウンセラーの前にあらわにすることにつながるからである。そこでは，そのような自分を見せてしまったら，カウンセラーから軽蔑されるのではないか，見放されるのではないかという思いが生じてきて，面接場面で話をすることが難しくなったり，面接にやってくることそのものが苦痛になったりしやすいのである。

北山（1996）も岡野（1998）も，恥を感じやすいクライエントとの面接においては，このような，恥ずかしい思いをすることに対するクライエントの不安

や抵抗に注意を向ける必要があると指摘している。北山（1996）は，カウンセラーが，あからさまな反応をせず，さりげなくふるまうことが重要であると述べている。岡野（1998）は，カウンセラー自身も不完全な人間であることを適度にクライエントに話すことが，クライエントの不安を和らげるのに役立つ場合があると述べている。

いずれにしてもいえることは，面接で自分について話すことが，クライエントにとって，恥ずかしい思いをいっそう強めたり，気持ちの傷つきをいっそう深めたりする経験にならないよう，カウンセラーが注意を払わなければならないということである。カウンセラーがクライエントの不安やためらいに気づかずに，無神経にただ話をすることを促したり，クライエントが勇気をふり絞って話した内容に対して，カウンセラーがまったく無反応であったり，過剰に好奇心を向けたりすることは，クライエントの恥意識をいたずらに強めることになりかねないのである。

過敏型の人とかかわるうえでは，まず以上のような配慮を前提としたうえで，先にも述べたように，まずはカウンセラーがクライエントにとっての自己対象として機能することが重要になるのである。

2 ── 受容的な態度

過敏型の人とのかかわりにおいて基本的に重要なのは，相手に対する受容的な態度である。これは，ロジャーズ（Rogers,C.R.）があげたカウンセラーに求められる条件の1つ，「クライエントに対する無条件の肯定的関心」と重なる部分の多い姿勢である。しかし，過敏型の人にとっては，カウンセラーのこのような態度は，ロジャーズの考えとはかなり異なった意味合いをもつのである。

通常のカウンセリングにおいては，カウンセラーの受容的態度に支えられて醸し出される安心感のある面接関係のなかで，クライエントは自分の経験や感情について話を進めていく。ところが，過敏型の人の場合，カウンセラーの受容的な態度が，自分の経験や感情について話すことで吟味するための前提的手段であるよりも，面接関係に求める目的そのものになりがちである。つまり，過敏型の人にとっては，自分がカウンセラーから肯定的に受け止められている

ことをたえず確認することが必要なのである。その結果，クライエントは自分の経験や気持ちに関心を抱く以上に，カウンセラーの自分に対する反応に強く関心を向けるのである。カウンセラーの態度に，少しでも自分を拒絶する姿勢や，自分に対して無関心である気配を察知すると，過敏型の人は傷つき，抑うつ的になってひきこもってしまうことが多い。

このようなクライエントの態度は，一般的な心理療法やカウンセリングの考え方からすると，クライエントが自分の内面や感情に向き合うことを避ける，面接に対する抵抗としてとらえられることが多いだろう。しかし，先ほど触れた自己愛の成熟の過程という理論が背景にあると，これとは違ったアイデアが生まれてくる。つまり，このようなクライエントの姿勢は，確かに問題をはらんだものではあるが，自己愛の成熟の上ではある程度満たされる必要のある当然のニードとして対応していくという考えである。

後者の考え方に対しては，カウンセラーのそのような態度は，クライエントの自己愛の障害を助長するものにすぎないという批判がこれまでもたびたび提起されてきた。確かに，クライエントのニードを満たそうと，カウンセラーが過剰にクライエントを肯定的に評価するような態度をとり続けるとしたら，それはむしろ有害であろう。

クライエントの姿勢には，自己愛の成熟のためのニードという側面および局面もあれば，自己愛の障害に由来する抵抗としての側面および局面もあるだろう。重要なのは，どちらか一方に偏らない柔軟な見方と対応ではないだろうか。ただ，やはり過敏型の人が抱えている自信のなさと傷つきやすさを考えるとき，まずはそれをニードと見なして受容的な態度を重視する方に軸足をおく方が妥当であると筆者には思われる。

3 ── 共感的な態度

受容的な態度と並んで重要なのが，カウンセラーの側の共感的な態度である。先にも述べたように，気持ちが傷ついている過敏型の人に，慰めや励ましで対応してもあまり有効ではない。ましてや，叱責することは逆効果である。大切なのは，傷ついている気持ちそのものに，そしてその傷つきが生じた過程に共感を示し，相手に伝えることである。

過敏型の人は，気持ちの傷つきや恥ずかしさを感じることで，孤立感を抱くことが多い。自分が何を恥ずかしく思っているか，その内容をカウンセラーに知られることにはためらいや抵抗を感じる一方で，自分が傷ついており恥ずかしさを感じていること自体は，カウンセラーに気づいて欲しいと期待する面がある。過敏型の人は，そういう自分の気持ちや期待を自分から表明することは苦手である。それでいて，カウンセラーが気づかずに見過ごしてしまうと，カウンセラーは自分に対して関心がないのだと感じ，ひきこもりが起きやすいのである。

　このような事態を避けるためには，クライエントの感じている気持ちの傷つきや恥ずかしさをカウンセラーは理解しているということを，さりげなく言葉にして伝えることが必要であろう。ただし，クライエントの気持ちをあからさまに，ことさらに指摘したり，クライエントが恥じている内容自体にまで触れたりする性急な指摘は，逆効果になる危険が高いことに注意しておかねばならない。

4 ── 理想化への対応

　過敏型の人は，カウンセラーを理想化し，自分が理想化したカウンセラーに自分が気に入られ，愛されることで自己評価を高めようとふるまう場合がある。そのため，カウンセラーが自分に何を期待しているのか，敏感に察知しようとする。そして，カウンセラーが自分に満足しているかどうかを知りたがる。カウンセラーが満足できないのは，自分のせいだと自責的になりやすい。

　このようなクライエントのふるまいに対して，多くのカウンセラーは，居心地の悪さやいらだちを感じるのではないだろうか。そこで，ただちに，「自分はそんなに立派なカウンセラーではない」，「カウンセラーがあなたのことをどう思うかが，どうしてそんなに気になるのですか？」などと言いたくなるかもしれない。しかし，ここで大切なのは，やはりそのようなクライエントのふるまいを，自己愛の成熟に必要なニードの一部と見なして，穏やかに受け止めることである。そして，やがて生じてくる，理想化していたカウンセラーへの失望や幻滅に共感的に対応することが求められる。

5 ── カウンセラー自身の自己愛の問題

　過敏型の人とカウンセリングを行うにあたって，カウンセラーが気をつけなければならない問題の1つが，カウンセラー自身の自己愛の問題である。これまで述べてきたように，過敏型の人との面接関係において，カウンセラーはクライエントから，クライエントにとっての自己対象としてふるまうことを暗黙に期待されることが多い。このことは，しばしばカウンセラーの自己愛的欲求を欲求不満状態に導く。たとえば，何か自分がクライエントから自己愛の満足のための手段として利用されているような気分にさせられることも少なくない。このようなとき，専門家として適切に役割を果たしているという有能感をもちたいと願う，カウンセラー自身の自己愛的欲求は満たされなくなりがちである。

　過敏型の人とかかわるうえでは，カウンセラー自身が知らず知らずのうちにクライエントを自分の自己愛を満足させるために利用してはいないかが，厳しく問われることになる。現実には，カウンセラーも含め，だれもが多少なりとも，他者とのかかわりのなかで部分的に自己愛的な欲求を満たそうとしている。カウンセラーにとっては，自分自身の自己愛のあり方を問われ，それを見つめ直すことを余儀なくされるのである。そうしなければ，カウンセラーはクライエントの自己対象としての機能を果たすことに耐えられなくなり，クライエントに対して怒りを感じて批判的になるか，クライエントに対する関心を失ってしまう危険性が高くなるのである。

6 ── まとめ

　過敏型の人との日常場面でのかかわりにおいても，これまで述べてきた点が基本的に重要なポイントとなるだろう。ただし，気をつけなければならないのは，これまで述べてきたようなかかわり方が，カウンセリングの場面であれ，教育場面であれ，日常場面であれ，過剰に保護的で，相手が傷つかないようにと先回りして，現実と直面することを共謀して避けるようなかかわり方になってしまってはあまり意味がない，それどころか相手の自己愛の障害を助長して有害に働く可能性があるということである。

　鑪（1998）は，日本における対人関係の，また日本における心理療法の特徴

として，相手を包み込み依存性を満たすかかわり方に優れている反面，社会のなかで個として自律する力を育てる側面が弱いことを指摘している。自己愛の障害に対するかかわりにおいても，カウンセラーが自己対象としての役割を果たすのは，相手に自己愛的満足を与え続けることが目的ではない。面接関係において不可避的に生じてくるクライエントに対する受容や共感の失敗を通じて，カウンセラーが果たしている自己対象としての機能を，クライエントが自分の心の働きとして内在化していくことが目標なのである。

カウンセリングの場面であれ，日常場面であれ，過敏さから生じる相手の苦痛が和らぐことが最初の目標となるとしても，安定した関係を築くことができた後に，相手が自律的な力を身につけ成長する道筋を思い描きながらかかわりをもち続けることが重要なのである。

3 対応の不十分さや失敗について

自己愛の障害をもつ人に援助専門家としてかかわっていると，彼・彼女らがこちらの対応に対して不満や不信を抱き，関係がぎくしゃくしたり，関係が切れてしまったりすることがある。きっかけとなった出来事は，こちらにはささいに思えることも多い。たとえば，会話中のささいな行き違い，こちらの理解のずれ・遅さ・鈍さ，彼・彼女らから見るとていねいさが欠けているように思える対応などである。自己愛の障害をもつ人には，このような援助専門家の態度や言動が非常に大きな傷つきとして体験される。そして，それ以前には理想化を伴う陽性の感情を向けてきていたのに，急に冷淡な態度になり，こちらを避けるようになったり，不満や怒りの言葉をぶつけてきたり，まったく関係を絶とうとしたりする。

何が彼・彼女らを失望させたのかがすぐにわかる場合もあるが，わかりにくい場合もある。このような現象が生じるのは，尊大で自己顕示的なタイプであれ過敏で傷つきやすいタイプであれ，援助専門家との関係が深まってくると，彼・彼女らの心のなかで援助専門家が特別の位置づけを受けるからだと思われる。つまり，援助専門家が彼・彼女らのことを本当に理解し，受容し，承認している人のように，また，これまでに出会った人とは違う理想的な人のように

体験されているからである。コフートは、このような現象が精神分析場面で生じることを「自己対象転移」（鏡転移と理想化転移）と呼んだが、精神分析場面に限らず、一般のカウンセリング場面でも、カウンセリングほど構造化されていない場面でも、同様の現象は生じると思われる。そのため、援助専門家の不備や失敗は、このような転移を崩壊させ、深刻な打撃を与えるのである。このような援助者の不備や失敗を「共感不全」(empathic failure) と呼ぶことがあるが、自己愛の障害をもつ人とのかかわりでは、この共感不全に対する対応が重要な意味をもってくる。

このような事態においては、援助専門家自身も自己愛が傷つき、恥の感情に襲われ、心理的に不安定になっていることに注意する必要がある。そうでないと、「売り言葉に買い言葉」で相手を非難したり、自分は悪くないと自己弁護にはしったり、「もうこんな人とかかわるのは嫌だ」と距離をおいたりする恐れがある。このような援助専門家の自己防衛的な態度は、ますます相手を失望させることになる。援助専門家が見失ってはならないのは、相手の視点から事態をながめることであり、相手がどのような体験をしているのかを理解することである。

このような際の対応の原則としては、まず相手の反応から共感不全に気づかなくてはならない。次に、共感不全と関連している出来事が思い浮かんだら、それを取り上げて話し合うことである。自分のどこが問題だったのかがつかめないなら、勇気を奮い起こして相手に聞いてみる手もあるだろう。そして、相手がこちらのどのような姿勢や言動で傷ついたのか、どのような体験を味わったのかについて共感的に理解するのである。相手の言い分が理不尽に思えることもあるが、とりあえずは耳を傾けることである。こちらが見えていなかった重要な点やこちらの理解の不十分さに気づくことも多い。

しかし、それはこちらが全面的に悪かったと認めることではないし、やみくもに謝るということでもない。自分自身の視点も保持した上で、相手の視点から事態をながめてみることである。もちろんこちらに謝罪すべき点があれば謝ることも必要であろう。こちらの謝罪を執拗に求める人もいないことはないが、多くの場合、援助専門家が相手の傷つきを理解できたなら、二人の関係は改善するものである。コフート（Kohut,1984）は、相手に不満を与えないような完

全な共感は不可能であるし，望ましくもないと述べた。共感不全は不可避なのであり，起きてからの対応が重要なのである。そして，対応しだいでは，共感不全が起きなかった場合よりも大きな実りがもたらされる。ただ，このような事態では，自己愛の障害をもつ人の側にも，たとえば被害者意識が強く相手の意図を歪めて受け取るという問題がみられることがある。ときには援助専門家に親など別の他者のイメージをだぶらせ，「あなたもしょせん同じような問題のある人間なのだ」と決めつけているように思われることもある。このような動きに対して，もし二人の関係を壊すことなくそれを認識させることが可能であれば，このことを指摘することも必要である。これは，先に紹介されているミッチェル（Mitchell, 1988）の言葉を借用するなら，相手のダンスにあわせて踊りながら，そのダンスの単一性を指摘することだといえるであろう。

なお，精神分析や心理療法の場面で治療者の共感不全がなぜ患者に有益な結果をもたらすのかについては，次のように考えられている。コフート（Kohut, 1984）によれば，治療者が共感不全に適切に対応するなら，患者の不満は「最適の欲求不満」となり，むしろ患者の自己の成熟を促進する。ストロロウら（Stolorow et al., 1987）は，苦痛な情緒反応が治療者から受容され，包み込んでもらえることにより，今まで抑えられていた欲求や感情が体験できるようになり，それが治療効果をもたらすのだという。また，ウルフ（Wolf, 1988）は，患者が治療者に影響を与え，治療者を変える力があるという体験（効力体験）をすることが患者の自己を強化するのだという。

最後に，共感不全とそれへの対応の事例を紹介しておくことにしよう。

【事例】高校2年生のA子さんは，高1のときに不登校に陥り，ある相談機関でカウンセリングを受け始めた。A子さんは人間関係で傷つきやすく，集団にとけ込めず，友人も少なかった。親との間にも葛藤を感じており，親から本当に愛されていると感じたことがない。中学校時代は無理をして登校していたが，「中学時代に不登校にならなかったのが不思議」と自分でも思っている。A子さんのカウンセラー（男性）は，最初「不登校という形であっても無理をしなくなったのは良いプロセスかもしれない。しばらく休ませた方がよいのではないか」と思っていた。カウンセリングが進むにつれて，A子さんは不登校児が集まる場所などにも顔を出せるようになり，人間関係が広がり始めた。ちょうどこのころ，この相談機関のケース検討会議で，スーパーバイザーがA子さんのカウンセラーに「この子はかなり良くなってきている。もう少しプッシュしてやれば学校に行けるのではないか」と言ったのである。カウンセラーは，この発言

に影響を受け，面接のときに前よりも学校のことを話題にするようになった。しかし，そのころからＡ子さんは面接を休むことが増え，やがて「他に行けるところもできたし，そろそろ面接をやめたい」と言い始め，面接が中断した。

　カウンセラーは，Ａ子さんの理由がそれなりに納得できるものであると思う反面，何かしっくりしない感じも抱き，別のスーパーバイザーに相談した。すると，そのスーパーバイザーから「面接者の不自然な態度変化が影響したのではないか」と示唆されたのである。カウンセラーは，思い悩んだが，思い切ってＡ子さんに電話をかけ，「もう面接は終わるということでしたが，じつは気になっていることがあるので，もう１回だけ来ていただけませんか」と頼んだ。再び来談したＡ子さんに対して，カウンセラーは上のような事情を話し，「私がたびたび学校の話題を出したので，面接に来るのがしんどくなったのではありませんか」と尋ねた。Ａ子さんは「じつはそうなんです。やっと学校のことを気にせずに安心して過ごせるようになったのに，先生が学校の話題をもち出すので，とても苦しくなりました。先生に言おうかと思ったのですが，先生を傷つけてしまうと思って言えなかったんです」，「でも，先生がこうして声をかけてくれ，わかってくれたので，非常にうれしかったです」と答えた。その結果，Ａ子さんは再び来談するようになった。そして，その後の面接で，Ａ子さんは，次のようなエピソードを語った。「私と同じような不登校の人で，私にいろいろなことを要求してくる人がいるんです。前からいやだと思っていたのに言えないでいましたが，思い切ってはっきり言ったら，むこうもわかってくれました」。このようなＡ子さんの変化には，カウンセラーとの今回のやりとりが良い影響を与えているように思われた。

第2節 対応の実際

1 スクールカウンセリングでの事例

　児童期や青年期初期では自己愛性人格障害であるかどうかの診断は行えないし，発達的な可塑性があるため，時間をかけて観察してみないと自己愛の障害かどうかを判断するのが困難な場合もある。しかし，その時点でみれば自己愛の障害と思われる問題を呈しており，そのまま放置すればより重篤な障害に発展する恐れのある事例も存在する。ここでは，小・中学校におけるスクールカウンセリングの事例を取り上げてみよう。筆者は，ある地域でスクールカウンセラーとして活動していたが，この地域では，依頼があったときに学校で児童・生徒に面接を行うほか，家庭への訪問面接も行っていた。以下の2つの事例は，そのときにかかわった事例に脚色を加えたものである。

　【事例1】A子（来談時：小学校5年生女子）。母親，5歳年上の兄，本人の3人家族。親は小学校2年生の時に離婚し，兄とともに母親に引き取られて3人で生活していた。小学校4年生から不登校傾向になり，保健室や職員室で過ごしていた。本人が小学校5年生の時に，筆者がスクールカウンセラーとしてかかわるようになった。

1 ── 相手への過剰な気遣い

　筆者との最初の面接のとき，A子は恥ずかしそうにうつむき，こちらをちらちらと見ながら，カバンのなかから筆箱とお絵描き帳を取り出した。「絵を描く？」と尋ねると，コクリとうなずきポケモンのキャラクターを描き始

た。筆者が「上手だね」と声をかけると，恥ずかしくて落ち着かない気持ちになったようで，急に「先生，描いて」と求めてきた。筆者がウサギを描くと，A子は「先生，上手！」とほめた。さらに，A子が「今度は亀の絵を描いて」と言うので，筆者が「うーん，絵は苦手なんだけど…」と言いながら，それらしいものを描くと，A子はまた「先生，上手！」とほめた。次に，A子は「絵のしりとりをしようよ」と提案した。絵のしりとりというのは，たとえば一方が「猫」を描いたら，もう一方が「こ」で始まるもの（たとえば「コマ」）の絵を描くというものである。この時も，筆者の描いた犬の絵を「先生の描いた犬はとてもかわいい。この目の部分なんかとてもうまいよ」と細かい点まで取り上げてほめた。このようにA子は筆者に対して過度に気を遣い，まるで役割が逆転しているかのように配慮をしていた。

　筆者がかかわるようになってから教室に入る日が増え，徐々に保健室や職員室で過ごす時間が少なくなっていった。しかし，友人との間でトラブルを起こすことも増えてきた。班で活動するときに強引に自分の意見を通そうとするとか，自分の意見に反論する友人に対して馬鹿にするような発言をするなどの行動があり，まわりからいやがられることがあった。これは，相手に過剰な気遣いをする傾向とは別の一面であった。

2 ── 盗みの背後にあった不安

　A子は，自分のお金で近所の友人にお菓子などを買い与えることがあった。最初は自分の小遣いで買っていたが，足りなくなると母親の財布からお金を盗み始めた。はじめ母親は気づかなかったが，盗み出す金額が増えてきたため，不審に思った母親が問いただしたところ，A子は盗みを認めた。母親は非常に怒り，A子は学校に登校しなくなってしまった。筆者は母親からの要請で訪問面接を行った。そして，母親との面接が終わらないうちにA子が部屋に入ってきたので，盗みをしてまで友人におごりたくなる気持ちを聞いてみた。すると，A子は，「だって，おごってあげないといっしょに遊んでくれないもん」と話し始めた。母親は，盗みの背後にあるA子の気持ちを理解していなかったので，驚いた表情で聞いていた。最初A子は友人からおごってほしいと頼まれたと主張していたが，くわしく聞いていくと，それはうそであり，実際は

頼まれもしないのにA子の方からおごったことが判明した。このような行動の背後には，相手に何かしてあげないと嫌われて見捨てられてしまうという不安があると考えられるが，実際にA子は自分勝手な行動をして友人から避けられており，「おごる」という手段で友人を引き留めようとしていたとも考えられる。

母親は，母子家庭であるためにA子がいつか非行に走るのではないかと心配しており，今回の盗みも非行の前兆のようにとらえていた。しかし，筆者と3人で話すうちに盗みの背後にあるA子の不安がわかり，徐々にA子の内面を理解するようになった。

3 ── 母子同席面接

相手に対して過剰に配慮し，相手の喜ぶことをしていないと見捨てられるというA子の不安をやわらげ，自己表現や自己主張もできるようにすることを目標にして相談を進めることにした。A子は母親に対しても過剰に気を遣う傾向があり，母親もA子の行動の意味を正しく理解しているとはいえなかったので，A子と母親を同席させて面接を行うことにした。同席面接では，3人でトランプゲームをしながら話し合うことが多かった。最初は，母親がルールを理解していないので，A子が母親に教えながらゲームをし，A子が負けてあげるというパターンが多かった。しかし，母親がしだいにルールを理解してきてからも，A子は「お母さんが負けたらかわいそうだから」と，わざと負けるのであった。母親は，A子が自分に気遣いをしてくれるのでうれしそうな表情をしていたが，筆者はA子にも勝負するように促していった。筆者も手加減せずに勝負していると，しだいに母親も真剣になり，A子もそれにつられて手加減をすることが少なくなってきた。それでも，A子は偶然勝ったときには「勝ってしまった」というとまどいの表情を見せたが，母親と筆者が「すごい！」とほめるようにしていくと，A子はしだいに勝ったときの喜びを表現するようになっていった。

このようなかかわりを継続した結果，A子は，中学校に入学しても不登校には陥らず，小さな対人関係のトラブルはあったが，それを乗り越えて卒業にこぎつけた。

【事例2】B子（来談時：中学校1年生女子）。父親，母親，本人，2歳下の妹の4人家族。中学校1年生2学期から教室に入れなくなり，登校しても教育相談室で過ごすようになった。筆者は，その直後からかかわるようになった。

■1── 教育相談室での面接

　B子は，教室に入れない理由としてクラスになじめないことをあげた。面接開始当初はB子が詳しいことを言いたがらなかったので，周辺的な話題で会話しながら関係をつけていくことにした。面接が進むにつれて，B子は「なじめなさ」の内容を少しずつ言葉にするようになった。B子によると，小学校の時から仲の良かった友人と同じクラスになったので，いつもいっしょに登下校し，教室でもいっしょに過ごすことが多かった。そして，B子，その友人，別の小学校出身の2人で4人グループを作り，いっしょに行動するようになった。しかし，他の3人がしだいに親しくなり，自分がおいて行かれる感じがしていた。そして，ちょうどそのころ休日に自分を除く3人がいっしょに遊んだことを知り，自分だけのけものにされたという気持ちが強まり，3人から距離をとるようになった。それ以来，しだいに教室に入りづらくなり，相談室登校に至ったとのことであった。

　ここまでの話だけを聞くと，B子は被害者ということになるが，別の機会に，ある教員がB子の友人たちから聞いた情報を筆者に教えてくれた。その情報によると，B子には，小学生時代から「私のこと嫌いじゃない？」としつこく何度も確かめる行動がみられたという。B子からそう聞かれた友人は，たいてい「嫌いじゃないよ，好きだよ」と応答していたが，B子は納得せず，「今の言い方は冷たかった。もっと心を込めて言って」などと要求することもあった。中学校に入り，4人グループが形成されてからは，他の3人に対してもこのような確認の質問が増え，ささいなことを取り上げて「私より，○○ちゃんと話してる方が楽しいんでしょ」などと，皮肉っぽく言うこともあった。そのため，友人たちは，しだいにB子から束縛されることに疲れ，B子を敬遠するようになったというのである。

　筆者は，このような情報を知りつつも，面接ではB子の視点から事態をみるように努め，B子の思いを共感的に理解するようにした。すると，B子は，やがて筆者に対しても「先生は私のことをどう思う？」と確かめるようになっ

た。筆者が「私があなたのことを嫌っているように思えるの？」と尋ねると，初めのうちは「別に」と言って話題を変えていた。しかし，ある面接で，以前に話した内容を筆者が忘れていると，B子は「この前，言ったでしょ！　やっぱり私のことなんかどうでもいいんだ！」と，激しい怒りをぶつけてきた。筆者は内容を忘れていたことを謝り，「覚えていると思ったのにそうじゃなかったので，すごくショックだったのね」とB子の思いを反射した。そして，「私が前に話したことを忘れているだけで，自分のことなんかどうでもいいと思われてる感じがするのね」と応答した。そうすると，B子は「いつも，みんなが本当は私のことをどう思っているのかが気になる」と答えた。相手が自分の話を親身になって聞いていないように感じられると，B子は嫌われたと思い込むのであった。また，自分が嫌われていると感じたら，「こっちから先に切り捨ててやる」という気持ちになり，自分から距離をおこうとすることも明らかになった。このように，B子には，相手から嫌われていないかどうかを過度に気にする過敏な面がある一方で，「嫌いではない」という返事を要求するとか，嫌われたと感じると自分から関係を切ろうとするところには，ある種の特権意識や尊大さも感じられた。

　このようなあり方から脱け出せるように援助するとすれば，スクールカウンセリング場面であることやB子の年齢を考えると，B子が友人の行動の意味を取り違えて相手から嫌われたと感じているときに，それを取り上げて話し合うのが一番近道であるように思えた。そこで，筆者は，友人がどのような気持ちからそのような行動をしたのかをB子といっしょに考えるようにした。たとえば，B子が友人に電話で「今度遊びに行こうよ」と誘ったとき，すぐには返事が返ってこず，相手が数秒考えて承諾の返事をしたことがあった。そのときにもB子は嫌われていると感じ，「私と遊びたくないの？」としつこく聞き返していた。そのあとのカウンセリングで，筆者はB子にそのときの相手の気持ちについて考えるように促した。B子は，はじめは「私のことが嫌いで，本当はほかの子と遊びたかったからだ」と言い張っていたが，筆者が「返事に時間がかかるときって，それ以外には考えられないかな？」と別の視点で考えてみるように促すと，「そういえば，自分も予定が空いてたかどうか考えていて，返事に時間がかかるときがある」と，別の可能性を思いついた。このようなやりとり

をくり返すうちに，B子はしだいに違う視点も考慮できるようになっていった。

2 ── リストカット

面接を進めていくうちに，B子が小学生時代からリストカットをしていたことが判明した。リストカットのことは最初両親や筆者には隠していたが，ある日，深く切りすぎて出血が止まらず，両親に頼んで病院に行き，治療してもらうという出来事があった。母親から連絡があり，翌日の面接でリストカットについて話し合った。リストカットのきっかけを尋ねると，やはり友人から嫌われたと感じたときや親から成績の悪さを責められたりしたときに，不快な気分を紛らわせるために行うとのことであった。親や筆者に黙っていた理由としては，死のうとしていたわけではないし，言うと叱られるかもしれないという不安があったからだと述べた。しかし，今回のことで両親がたいへんなショックを受けていることから，B子は「もうしない」と約束した。筆者からは「そういう気持ちになったことも，今度からはカウンセリングで話してね」と伝えた。それ以降，リストカットは起きなくなった。

3 ── 相談室から教室への復帰

このようにして，B子自身においても家族との関係においても少しずつ変化が生じてくるにつれて，B子は徐々にではあるが相談室から外に出ることができるようになった。相談室に給食を運んでくれる同級生たちのうちの1人とは特に親しくなり，休み時間にはいっしょに遊ぶまでになった。筆者との面接では，嫌われる不安も口にしていたが，筆者が「不安でも続けて会う」ことの重要性を示唆すると，B子自身が「これもリハビリだね」と語った。そして，2年生の終わりには「3年生になったら教室に入る」と宣言し，3年生の始業式には出席した。このとき，たまたま仲の良い子と同じクラスになったこともさいわいして，とうとう教室に入ることができた。また，中学校1年生のときのトラブルの当事者たちとも久しぶりに会話した。B子は，冷たくされるのではないかと予想していたが，他の3人はとても喜んでくれたとのことであった。そのことを面接で取り上げると，B子は，自分が感じるほど相手は自分のことを嫌っていないかもしれないと認め，「そんなに気にしなくても，大丈夫なん

だね」と語った。その後のB子は，相談室登校に戻ることなく学校生活を過ごし，無事に卒業していった。

　B子の事例では，友人に対して感じるのと同じ不安や不満が筆者に対しても表出され，それにもかかわらず筆者との関係が壊れず，またそのような不安や不満を抱えたまま筆者とかかわり続けるという体験をしたことが，変化の出発点になったのではないかと考えられる。また，このような事例では，まず対人関係での不安や傷つきをクライエントの視点から共感的に聞くことが重要であるが，それが十分になされた後には，不適応の原因になっている閉塞的な視点から脱け出すことができるように援助することも重要ではないかと思われる。

2 外来カウンセリングでの事例

　DSM-Ⅳ〔Quick reference〕(1994b)には，自己愛性人格障害の基本的特徴は成人期早期に始まるとされており，また，「自己愛性の傾向は青年期には特によくみられるが，必ずしもそのまま自己愛性人格障害となることを意味していない」とも明記されている。同様に，チェシック（Chethik, 1989）は，性格病理において子どもについては発達過程の途上であることを考慮する必要があると述べている。したがって，青少年の事例を自己愛性人格障害につながるものと断定することには慎重でなくてはならない。しかし，その一方で，チェシックは，マーラー（Mahler,M.）のいう分離－個体化過程に早期の妨害があった場合，それが自己愛の障害につながる要因になるとして，自己愛性障害域の子どもの治療過程を解説している（Chethik, 1989）。また，エルソン（Elson, 1987）によれば，コフートは子どものころの親子関係において適切な自己価値の感覚をもてないと自己愛性人格障害に発展する可能性があるとしている。このような視点から，思春期において自己愛的傾向がみられ，それが幼少期からの親子関係の影響を反映しているのではないかと思われる14歳の女子中学生の事例を紹介し，親子関係を含む対人関係について検討してみることにする。

　【事例】Cさん（来談時：14歳，女子中学生）。小学生のころから友達づきあいがうまくいかないことが多かった。地元公立中学校に進学してからも友人の輪に入りにくいと感じており，クラスでも一人でいることが多かった。しかし，「学校はそれほど嫌ではない」といって自分の

ペースで過ごしていた。なぜ友人とうまくいかないかということについては，自分が先生も認めてくれている優等生であり，クラスメイトから妬みのターゲットにされているからだと思っていた。具体的には，テストの点が良い，ピアノが上手，スポーツもダンスもよくできるので，そのような面に関してクラスメイトから妬まれたりいやみを言われたりしているということであった。Cさんは「妬みは言わせておいて自分が発想を変えればいい」，「人が本当はどう思っているかなんて，わからないし…」と自分に言い聞かせて学校生活を続けていた。ところが，ある日，クラスメイトに少し太めの体型のことを言われてから，発熱が続いたり，食事量が減って体重が減少したりするなど，身体の不調を訴えることが増え，登校にも支障が出てきたため，母親といっしょに筆者の勤務する相談機関に来談した。

1 ── 来談時のようす

面接開始当初のCさんの状態は，食べたくないという気持ちが強く，体重の減少に伴う身体的不調を訴えていた。しかし，面接中は非常に多弁であり，積極的に自分のこと，学校，家族などについて話した。その内容は，いかに自分が優等生で友人からやっかみを受けているか，それに対していかに先生の配慮が欠けているかといった学校への不満であったり，弟ばかりかわいがり，毎日のように叱られるのは自分であるといったしつけに厳しい両親への不満であったりした。それを冷ややかに淡々と筆者に訴え続けていた。筆者の言葉を受けて話題を選ぶことはなく，ただ自分の主張を続けるという印象が強かった。

これらの行動のなかにみられる自己愛的傾向としては，自分を優等生だと言い切る誇大的感覚，学校ではもっと配慮されて当然だと感じる特権意識，特に親に対する賞賛の要求の強さ，友人や弟などに対する嫉妬，筆者との相互的なやりとりの困難さなどがあげられるだろう。実際，学校でも友人の輪に入りたい気持ちはあるようだが，思ったことをすぐ言葉にしてトラブルになってしまうためにグループに入れてもらえないときもあるようであった。ただ，友人から体型について言われたことは大きな傷つきとなり，身体的な症状まで出てしまったのだと思われる。この身体的な症状については，以下のように考えられよう。DSM-Ⅳ（1994a）には，「批判や挫折による"傷つき"に対して非常に敏感になる」ことから，その敗北感や屈辱は，自己批判を伴い，抑うつ気分やひきこもりなどを生じさせることがあるとされている。Cさんの身体症状もそのような抑うつとの関連で生じたものだと考えられる。

2 ── これまでの親子関係

　さて，それでは，このようなCさんの自己愛的問題はどのようにして形成されたのであろうか。Cさんの面接にはいつも母親が付き添って来ており，筆者は母親とも話す機会を何度かもったので，そこで得られた情報も加えて考えてみることにしたい。

　Cさんの母親はCさん以上に多弁で，自分の話したいことを次々と話すという印象が強かった。母親が一番心配していたのはCさんに食欲がなく体調が崩れやすいことであり，「どうして食べられないのか」，「育ち盛りなのだから食べなければならない」という趣旨のことを何度も話し，とても心配が強いようであった。しかし，Cさんの気持ちを思いはかることやCさんの話に耳を傾けるということは少なく，ただ，「食べて欲しい」，「元気になって欲しい」とくり返すばかりであった。

　また，Cさんが学校で友人との関係がうまくいかないことについても，母親は「自分だったら気にもしないし，自分が若かったころはそうしていた」，「ダメでもいいから，挑戦すべき」，「自分さえしっかりしていれば，いじめられない」「なぜ，できないのか」と語り，自分のこととCさんのことを重ね合わせてみる思いが強く，厳しさと期待が入り交じった態度を見せた。また，学業成績への期待も大きく，高校については県でもトップクラスの進学校の名前をあげ，そこに入れば話の合う友人もできるだろうと話した。しかし，Cさん本人が自分の成績について話をすると，母親は「ほめるといい気になるから」と突っぱねたり，否定したりしてしまうようであった。Cさんが聞いて欲しいことを母親に話しても，母親はCさんの話を聞くというより自分自身の思いや自分がCさんと同じ年のころにしていたことなどの話をしてしまい，どうやらCさんにとっては，自分のことをなかなか認めてもらえない親子関係のようであった。

　エルソン（Elson, 1987）によれば，コフートは，子どもが母親に認められたいと思って自己を顕示しても，母親から期待した反応が得られなかった時には自己評価が低下するとしている。つまりこのような子どもの自己愛的要求を大人が受けとめてやることは，子どもが食欲を満たしたり，必要な栄養を摂取したりするのと同じくらい，生きるために大切なことだとしている。

　このような母親のようすや母親からの情報に基づいて推論すると，Cさんは

小さいころから母親に認めてもらえることが少なかったために，認めて欲しい，誉めて欲しいという気持ちが非常に強くなったり，また，自分はもっとできる人間だと思う反面，自分に自信がもてない面もあるので傷つきやすくなったりしているのだと考えられる。

❸── 面接の経過

　それでは，次に，筆者との面接がどのような経過をたどったかについて述べることにする。コフートは，このような子どもまたは対象者にどのように対応すればよいかということについて，母親または治療者は，必要とされていることに波長を合わせることが重要だとしている（Elson, 1987）。これは「映し返し」（mirroring）と呼ばれるものである。子どもを慈しむ母親の目の中に子どもが自分を発見し，自尊心を育んでいくプロセスと同じように，筆者もCさんの話を受け入れ，勉強することのたいへんさや自分の価値を認めてもらえない辛さをじっくりと聞いていくことにした。

　Cさんの自己否定的な態度はなかなか変わらなかったが，少しずつ友人への不満や母親への要求が語られるようになり，ほどなく身体症状は軽快し，徐々に体重も増え，登校もできるようになった。筆者は，母親と話す機会も引き続きもつようにして，Cさんへの対応を話し合った。母親自身も何とかしなければという思いは強いものの，その心配とは裏腹になかなか態度を変えることができず，Cさんへの期待は大きいままであった。

　また，学校での友人関係がなかなかうまくいかないことについては，母子ともに担任への不満が強くあり，実際に何とかして欲しいという要求も強かった。そこで，母親を交えて相談するうちに，学校での状況を把握しやすく，現実的な関係の調整がしやすいスクールカウンセラーを活用するのがよいのではないかという結論に達した。そして，学校の相談室を休息の場所と位置づけ，スクールカウンセラーに相談を引き継いでもらい，友人関係の調整も依頼するという方向に話が進んだ。筆者との面接は，身体症状が軽快したことや，2人のカウンセラーが同時にかかわるのは好ましくないことから，終結することにした。

　ところが，Cさんはスクールカウンセラーと2度ほど面接した後，再び筆者の相談室に来て，「先生しか私をわかってくれる人がいない」と訴えた。どう

やら，Cさんの思い通りに事が運ばなかったことなど，いくつか不満な点があったようであった。そこで，筆者との面接はこれまでどおり継続することにし，ただ，学校内での現実的問題はもう少しスクールカウンセラーや担任と相談してみるように助言した。

　このCさんの行動から考えると，Cさんの心のなかではコフートのいう鏡転移や理想化転移が生じ，筆者がCさんを誰よりもよく理解できる存在として位置づけられ，理想化されていたのであろう。そのような関係性が重要な役割を果たしていることを十分に考慮せず，現実的問題への対応を重視し，相談者交代に向けて動いたことが，このような事態を招いた一因であると考えられた。そこで，筆者はこのような関係性を受け入れ，かといって助長することもないように注意しながら，Cさんが現実と折り合いをつけられるように援助することを目標に面接を進めていった。具体的には，筆者自身は学校で起きたことの事実関係を直接把握することができないためCさんの説明が理解しがたいこともあったが，母親とは違い，Cさんに態度を変えた方がよいと激励したり矛盾点を指摘したりはしなかった。また，家庭内で，特に母親に話を聞いてもらえない辛さについては共感的に応答したが，学校の友人への批判やトラブルについては，Cさんのとらえ方をそのまま認めて共感するのではなく，静かに聞くだけにとどめた。その上で，Cさんがどのように困っているのか，何を求めているのかをいっしょに考え，いくつかの点については「なぜ，そうなるのか」と問いかけ，少し視点を変えて考えてもらうことも試みた。つまり，筆者との面接は，思い通りにならない現実と折り合いをつけながら，Cさんなりに納得のいく水準をみつけていくという作業であったと考えられる。

　この後も，Cさんは友人関係のトラブルを抱えていたが，中学生活をなんとか終え，最初に母親が口にしたトップクラスの高校ではないが，進学校といわれる高校に入学した。母親のCさんに対する態度はあまり変化していないようであったが，Cさんには高校生活で，趣味を同じくする数人の友人ができたとのことであった。

4 ── 終結後の経過

　中学校卒業とともに筆者との面接は終了したが，ある日，突然Cさんが母

親と再び相談に訪れた。相談内容はやはり対人関係の問題であり，友人やクラスメイトとうまくいかず，孤独感を感じているとのことであった。Cさんは「グループで群れている人たちの気がしれない」「大人数だと深い話しもできないくせに」と皮肉をこめた口調で話した。「1対1なら自分の悪いところも言ってもらえるし安心」とも語った。また，通っている英会話教室でのエピソードをいきいきと話し，自分がいかにうまく英語をしゃべれるか，日本人といる時よりもどんなに楽しいかということを強調した。この話題の中にはCさんの誇大性が見え隠れしていたが，筆者が否定的に反応せず，じっくり話を聞く態度を変えずにいると，Cさん自身から，「本当は自分がひねくれていて，口が勝手に動くのだ」という自己内省的な言葉が出てきたり，「人のことを信頼したり，理解することができない」という悩みが語られたりした。そして，面接の終わりころには，Cさんは，依然として不満を抱えつつも，この現実と少しは折り合いをつけることができたように思えた。

このように，Cさんは高校生活でも新たな人間関係をつくることに苦心していた。クラスメイトとの関係においても，Cさんのマイペースさのために楽しみや喜びを共有することが難しく，誇大性や特権意識が傷つき，自信をなくしていたようであった。そこで，再び筆者に会って自分を価値あるものとして映し返してもらおうとしたのであろう。ただ，高校生のCさんは，中学時代ほど孤立しているわけではなく，少なくとも趣味を同じくする数人の友人ができていた。また，自分の問題点も内省することができ，思い通りにならない現実と折り合いをつけることも多少はできるようになっていた。つまり，幼少期からの連続した自己愛の発達における健全化は少しずつではあるが進んでいると思われた。その後は，趣味の同じ友人とも時には仲違(なかたが)いをしたりしながらも，大学受験を目指してなんとか高校生活を送っているとのことである。

さて，これまで述べてきたように，Cさんの親子関係はけっして順調な発達をしていたとはいえないであろう。また，親がそれまでの親子関係の形を修正していくためには，たいへんな時間やエネルギーが必要だったはずである。今回，そこに筆者が介入したことで，Cさんは満たされていなかった心理的ニーズを多少は満たすことができ，自分を理解してもらう体験を少しずつ積み重ね，自己愛の育ちを健全化していくステップを歩み始めたといえるかもしれない。

また，Cさんのプロセスをみていると，受身的に他者から認められたいと願うだけでなく，他者から関心を向けてもらい認めてもらうためにはどうしたらよいかと頭を悩ませたり，他者に要求できることには限界もあることを感じたりすることも，自己愛の育ちには重要であるといえるであろう。

ともあれ，自己愛性人格障害が発生する背景として，発達早期の親子関係において健全な自己愛的ニーズを満たすような関係の欠如や不足があるといえるなら，発達早期に親が子どもに注目し，ほめたり，要求をほどよく満たしたり，時には理想の存在になったりすることの重要性が再認識されなくてはならないであろう。

3 校内相談室のグループでの事例

この節の1，2ではいずれも一対一の相談場面での事例を紹介したが，ここではA高校相談室のグループでかかわった事例を紹介する。A高校の相談室の活用の仕方は大きく2つに分けられる。相談室のもつ「居間性」「個室性」を求めて来る者と「相談するため」に来る者である。相談室が居間や個室になり得るのは，構造面からと，カウンセラーがいつもいるという点が大きく作用している。扉を開けると，フリーコーナーになっており，その奥にカウンセラーの事務机がある。フリーコーナーの両側には，ドアを閉めれば個室になる面接室がある。昼休みなどには，5グループ程度が棲み分けて，昼食をとるくらいの広さがある。このような構造から，来室の意図を特別に表明せずとも，入り口のフリーコーナーで読書をしたり，授業のレポートに取り組んだり，友人との待ち合わせ場所にしたり，面接室が空いていれば，カウンセラーに断ってソファーで一休みしたりできる。

初めから仲間でやって来る場合もあるが，一人でやって来ていた生徒が，いつの間にか，既成のグループに交じっていたり，それぞれが吸い寄せられるようにグループになったりしている。カウンセラーが意図して紹介することもあるが，自然発生的にグループが形成されることが多い。以下の事例も，後者の例である。

【事例】Z君（来談時：16歳，高校1年生）。両親，本人，妹，叔母の5人家族。最初，進学校であるB高校に入学したが1年目途中で不登校となり，A高校に転校し，1年生から再出発することになった。入学した年の4月，授業開始の日に相談室にやって来た。

1 ── 来談時のようす

　来談すると，いきなり，「オリエンテーションで，男どうしでのあいさつ代わりのつもりで猥談（わいだん）をしたら，みんなが引いてしまった」，「将来は精神保健福祉士になりたい，本当は医者になりたいのだけれど」，「C医大で未熟児で生まれた。今は，アレルギーの治療などで通院している。子どものころから器質性疾患があり，数年前に手術を受けた」と，自分のことを語った。しかし，身体の動きについては，そう言われないとわからないくらいであり，彼が努力して身体を動かしているのであろうことがうかがわれた。年度当初にままあることであるが，彼も相談室のようすを見に来たようであった。

　彼の話を聞いて「入学直後に，しかもほとんど初対面の相手に対していきなり猥談とは，よほど照れ屋か，先手必勝で優位に立とうとする人かな？」と思いながら，「まわりは，ギャグにはついていけなかったようね」と，筆者は応じた。

　幼少時から医療のケアを受けた経験や元の進学校の同級生を見返す方策としての医者志望という彼の考えは，理解はできるが短絡的でもある。プライドの高い人であるのは想像に難くない。「医者は駄目にしても，次の目標が精神保健福祉士」ということからもそれはうかがえる。近年，国家資格として認定され脚光を浴びている職業である。どうすればなれるのかを尋ねたところ，「待ってました」と言わんばかりに，具体的にどのような進路を歩めばよいのかを，とうとうと語ってくれた。初対面の筆者が，この唐突な自己表明に動揺することなく，これを彼の相談室への入場券として受けとめたことで，この日の彼のテスト（値踏み）に合格したようであった。

　5月の連休明けにも来室したが，「前の高校の時に学校で倒れて以来，精神科に通院している。今日は長く待たされて午後の授業に遅刻しそうになった。電車はラッシュだし。暑いところ走って死にそうになった」と大げさな言い方をする。病院で待たされたことをねぎらったところ，「自分でも理由はわからないが以前から自殺願望があり，その手段をいろいろと考えたことがある」と言う。ただ，「電車への飛び込みは補償問題で親に迷惑，手首は切っても駄目，

ロープがないから首つりは駄目。……こんなことをしたら，医師は知り合いの人だからメンツをつぶせない」などと饒舌に語り，あまり切迫感は伝わって来ない。何人かの医者とは仲が良く薬も処方されているという語り口からは，自分のたいへんさを訴えたいのではあろうが，高名な医者にかかっている特別な自分を誇張したいようにも聞こえてしまう。筆者の姿勢としては，「精神科へ通院中」と生徒から聞いたときは，「あなたの学校生活をサポートしていくために，お医者さんから助言をいただきたいので，1度はお会いしたいのだけれど」と伝えることが多いが，Z君に対しては，不思議とそのような気持ちにはならなかった。

　また，生徒どうしで話している時には，照れ隠しもあるのだろうが，茶化したような言い方をすることで，周囲の生徒には一線を画しているようすがうかがえた。そして，身体の障害による体育の授業での苦労話をすると同時に，「体育の着替えに相談室を使わせてほしい。更衣室でヤンキーたちに声かけられても困るから」など，特別な配慮を要望するのであった。その一方で，「同じクラスの女の子を相談室で見かけたが，そういう子に『つきあって』と言ったら登校拒否になってしまうだろうか」など，Z君流の言い方ではあるものの，年齢相応の異性への関心も吐露した。

　やがて，Z君は，毎朝相談室に来てから授業の教室に行くというパターンになった。先述した相談室の機能の1つである「居間性」を利用するタイプである。筆者との関係では，その後，卒業するまでの間に，死にたくなるという話をしに来たり，朝の登校途中に電話で個人面談を予約したりすることがときおりあった。そして，そのペースには，あるパターンが見られた。それは，他の生徒の面談が立て込んだりすると，その後に面談を希望することが多かったことである。カウンセラーの関心が他の生徒に向くことへの嫉妬心だったのであろう。

　ところで，相談室では，冒頭で述べたように，生徒どうしのグループが自然にできあがることがある。Z君の場合も，入学の翌年に彼を取り巻くグループができ，Z君が部長になって部活動をいっしょに行うようになった。Z君以外のメンバーは，Y君，X君，W君，V君，Uさんである。

2 ── Z君の人格傾向と筆者の対応

　Z君の言動から彼の人格について考えると，グループでは場を仕切りたいタイプであり，リーダーたらんとして責任は果たすけれども，独善的のきらいがある。また，「男として」「男だから」が口癖であった。ことさら「男」を強調するのは，母親が病弱，妹とは年が離れており，叔母もいっしょの家庭で，父親からの期待が大きく，また，自身の障害を克服するように幼少時からしつけられてきたためではないかと思われる。そのせいか，ときには「男はつらいよ」と本音をもらすこともあった。また，自分を道化役にすることが多く，そうすることで仲間と対等に接するのを避けているように思われた。校内，校外ともに，大人とはよく話すようであるが，同年代とは親密になれないようであった。

　Z君は，前段で述べたように，相談室に自殺願望や身体の不調を訴えたり，更衣に来たりする一方で，何回か相談室を借りて，そこで部活動のミーティングをしては部員を取り仕切る姿を見せた。また，いっしょにボランティア活動をしている大人や障害のあるお年寄りなどに頼りにされていること，出張中の父親の代理で町内会の仕事をしたことなどを語ることが多かった。このように，筆者を初めとした周囲の人たちに対して，特別の自分，がんばっている自分への賞賛を求めることや，嫉妬心が強いことから，自己愛的な人格傾向があると思われる。

　筆者は，「がんばっている」と言いたいZ君には「いつもがんばっているね」と応じた。そして，Z君のがんばりが痛々しく見えるときには「そんなにがんばらなければいけないの？」と遠回しにたしなめたが，「がんばらなくてもいいのに」とまでは言わなかった。Z君は保健室もよく利用しており，養護教諭は何事もズバリと言う方だったので，Z君にしてみれば，筆者の対応は淡々としているように映ったであろう。

3 ── 集団活動でのエピソードと対応

（a）イタズラ書き事件

　ある日のこと，相談室の掲示板に「くどいぞ，Y」というイタズラ書きがあった。いつ書かれたのかは不明であったが，授業が終わって相談室に立ち寄ったY君に伝えた。筆者が「もしかして，Y君が，誰かに『くどいぞ』と言いた

かったのかもしれないと思ってね」と聞くと，Y君は「普通，イタズラ書きに署名なんかしないもんですよ」と答え，不満そうであった。

　この事件のことはグループ内でも話題になったらしく，翌日，グループのそれぞれが「誰が書いたんだろう」と口々に語っていた。Z君は「どんな文字でしたか」などと尋ねてきたが，筆者には，何となく書いたのがZ君ではないかと見当がついていた。そう判断したのは，以下のようなエピソードによる。

　相談室は，カウンセラー用の事務コーナーに空き机があり，そこはカウンセラーに最も近い席になる。暗黙の了解が働いて，生徒用コーナーを超えて生徒がそこに座ることはあまりない。したがって，あえてそこに座る生徒には，それなりの特徴が感じられる。このグループでは，しばらくはW君が座ることが続き，最近はY君が長々と座って，筆者に話しかけたり授業の課題に取り組んだりしていることが多かった。ところが1回程，その席に誰も座っていない時に，グループの面前で，Z君が初めて「空いてる！」と言って座り込んだことがあった。Z君は口には出さなかったが，その席に座って筆者に語りかけるY君に嫉妬を感じていたのかもしれない。筆者は，Z君との間でこのことを話題にはしなかったものの，イタズラ書きをしたのがZ君だとしたら，理由は嫉妬心以外には考えられず，彼の幼さを痛感した。

　さて，イタズラ書きをされたY君は，ものごとにこだわる質(たち)であり，自分が納得するまで話し相手を放さないことが多い。そして，「ここにイタズラ書きをしたんだから，ふだん，俺がこの部屋によくいるのを知っている奴だろうから，Wかな？　とっちめなきゃ」などと語った。辛辣なY君の舌鋒(ぜっぽう)が口下手で実直なW君に向かわないようにW君から矛先をそらすような応答をしたが，同時にもしY君が他の子やZ君を疑い始めたときにはどうしようかと心配していた。そして，もしどうしてもY君のこだわりが続くときには，グループ場面で取り上げることもやむをえないかと考えていた。このときに重要な役割を果たしたのがX君であった。しばらく，Y君は，もっぱらX君とイタズラ書きのことを話していた。このX君は，グループ内では最年長であり，日ごろからY君の長話によくつきあい，しかも，他の人たちのペースについていけないW君をサポートする人でもあった。Y君は，X君と話すことでおさまりがついたのかあきらめたのか，この事件についてそれ以上問題にすることはなくなった。

ちょうどこの時期が文化祭と重なっていたのもさいわいした。クラブの部長であるＺ君は，文化祭展示のアイデア提案や生徒会予算の獲得のことで大活躍であった。Ｚ君の尊大な物の言い方に対しては，年上でもの静かなＸ君も不愉快に思うことがあったようだが，実務に長けたＺ君には一目置かざるを得なかったようである。このように，Ｚ君には他のメンバーを不快にさせる面もあったが，同時に人をまとめていく力や実務能力があったことが，他のメンバーとの関係においても学校への適応の面でも肯定的に作用したと考えられる。もちろん，彼がそのような力を発揮できたのは，クラブの顧問であるＴ教師がＺ君の能力を上手に引き出し，側面からサポートしたおかげでもあった。

(b) 夏休みのキャンプ

　さて，夏休みには，毎年，相談室から生徒に呼びかけ，自由参加で実施しているキャンプがあった。Ｚ君のグループからは，4人のメンバーが参加した。その他に，キャンプに申し込んで初めて相談室とかかわりのできたＳ君とＲ君，個人面談に来ていたＱさんとＰさんの総勢8人が参加した。

　日中のテント張り，食事作り，ハイキング等のプログラムでは，Ｚ君は，Ｆ教師の影武者のように率先して働いていた。また，いつものように，Ｘ君はＷ君をサポートし，Ｙ君はマイペースであり，他の参加者も自分のペースで動いていた。そして，夜，消灯時間になったが，Ｓ，Ｒ，Ｑ，Ｐの4人は闇夜に紛れて別のテント・サイトでお喋りを続けていた。それを偶然見つけたＺ君は，出し抜かれたことがおもしろくないのか，「消灯時刻を過ぎたのに」とＦ教師に告げ口をした。Ｆ教師は，Ｚ君の顔を立てる形で「もう，夜は遅いし，それぞれ自分のテントで休みなさい」と忠告を与え，それでその場はおさまったようであった。翌朝の帰り支度では，寝不足と前夜の出来事の影響か，みんな憮然としていた。しかし，Ｙ君だけは「別に，グループにルールがあるわけじゃないし，人を縛るものではないんだし，好きにしていいんじゃない，Ｚはおもしろくないかもしれないけれど」と公然とＺ君への不満を口にした。

　夏休みが終わり，Ｚ君にキャンプの感想を尋ねると，案の定，「新しく参加した奴らはルールも守らずに……」と，文句たらたらであった。年下でありながら格好良いＳ君，Ｒ君が年上の女子Ｑ，Ｐさんと仲良く話していたことが，Ｚ君としては，嫉妬心からも許せなかったのであろう。筆者からは「Ｓ君，Ｒ

君は今年入学したばかりよね。Qさん，Pさんは，しばらく不登校だったので，ふだんは会うことがなかったし。キャンプでは，みんながまごまごしている時でも，あなたは，F先生を手伝って，よく作業してくれたわね」と伝えた。すると，また，「男だからあたり前，それに中学でも，第2担任でしたから」というお決まりの返事が返ってきた。

　ところが，その後，Z君がそのS君と連れだって歩いているのをよく見かけるようになった。声をかけると「文化祭の準備」と言う。Z君が歩いているうしろ姿は，やや猫背だが格好良いS君の歩き方そっくりである。年下のS君はZ君を立てているようであったが，むしろ，Z君がS君に同一化しようとしているように見えた。批判はしながらも相手の良い点を取り入れようとするところは，Z君の健康な面であるともいえるであろう。

4── まとめ

　このように，Z君は，自己愛的な傾向のために他の人を不快にさせることもあったが，クラブの部長としてその活動を仕切ることで居場所を得て3年間を過ごし，卒業していった。筆者を含むカウンセラーや教師の彼に対するかかわりを要約していうなら，彼のネガティブな面を修正するというよりもポジティブな面を引き出し，生かす方向のかかわりだったといえるであろう。そして，筆者の姿勢は，がんばっている自分を認めてほしいという彼の願いに対しては適度な是認と賞賛で応じながら，同時に，思い通りにならない対人関係や現実とも取り組んでもらい，その代わりそれに対する不満はしっかり聞くということであったと思う。

　なお，その後のZ君に関する情報であるが，第一志望の大学には合格しなかったが，第二志望の大学に合格し入学した。医師になることを断念したZ君にしてみれば，医療に関する仕事，しかも，なかなかなりにくい職業を選ぶことを励みと誇りにしたかったのだと思われる。卒業後しばらくして会った時には，「もう，がんばるのはやめた。今できることをやっていくことに切り替えた」と語った。本当にそのようにやれるかどうかは別としても，Z君からそのような言葉を聞くのは初めてであった。家族関係の変化や学生生活からZ君自身が何かを得たのであろう。

Column ⑪

「鏡」としての援助者

　コフートは,母親が子どもの気持ちを言葉にして返すことを「映し返し」(mirroring)と呼び,健康な自己愛の基礎を育むために欠かせないと考えた (Kohut, 1971)。ウィニコットも,赤ん坊が母親を見た時に自分を映す鏡のように感じることができれば,存在感や現実感を育てることができると述べている (Winnicott, 1967)。適切な自己像を育むためには,自分が何かを表現した時に適切なフィードバックをくれる相手がいるということが必要なのだといえよう。このことは,心理的援助における対応を考えるうえで重要なヒントとなる。

　ところで,実際の「鏡」を,人はどのように体験しているのであろうか。ザゾ (Zazzo, 1993) は,乳幼児が鏡を見て自己像だと認識するプロセスについて,多くの実験的観察を行っている。乳児は,最初,鏡に映る相手を他人だと思い,触ろうとしたり,鏡の中に入ろうとしたりするという。次に,鏡が物を映し返すことに気づき,自分の手を映して動かしてみたり,鏡の中に映る物をつかもうと試みたりする。ところが,このような試みは18か月ごろ突如としてなくなり,鏡の前で身動きしなくなったり,困ったような表情をしたりという忌避の反応が現れる。ザゾはこれを,社会的相互性の能力が身につくために,相手の行動が自分と同起するという奇妙さに気づいて,不安を感じるためだろうと考察している。2歳ころに子どもは鏡に映っているのは自分だと認識することができるが,数年の間は,鏡のうしろに回り込んでもう一人の自分をさがしに行くといった混乱を示す。自分に似ている像が自分とあまりにもぴったり同じの行動をとることは,自己の存在感を揺るがせる体験となるのである。

　古来から,鏡は単なる自己確認の道具ではなく,神の世界に通じるための道具として用いられてきた。鏡は光の反射を正確に返すにすぎない。しかし,正確に自己像を返されることは,否が応でも自己の矛盾に直面させられることでもある。それはわれわれ人間にとっては清冽すぎる体験で,不安や畏怖の念を引き起こすことでもある。人は多かれ少なかれ,都合のよい思い込みによって自己肯定感を保っている。そして時々,おそるおそる自己を問うのである。

　心理的援助の話に戻すと,鏡のように相手の気持ちを反映することが大切だとはいっても,あまりにも機械的で正確すぎる反映は不安を引き起こすということがいえるだろう。援助者の存在感が感じられ,援助者との相互作用を体験しながら自分を確認するほうが,時間はかかるが安全なやり方である。ウィニコットの言葉をまねていうなら,「ほどよく曇った鏡」ということになるだろうか。

付章

自己愛の障害をもつ青少年を理解するための
文献・資料集

付　章■自己愛の障害をもつ青少年を理解するための文献・資料集

　本章では，自己愛の障害やそれに関連した問題を理解する上で役立つと思われる一般書や専門書の中から，比較的新しく読みやすいものを選び，以下に掲載した。
　本書を補充するものとして，ご活用いただければ幸いである。ただし，これは自己愛に関する著書や資料を網羅したものではなく，内容の専門性もまちまちであることをお断りしておく。

（著者のアルファベット順）

アスパー, K.（著）　老松克博（訳）　2001　自己愛障害の臨床―見捨てられと自己疎外―　創元社
エルソン, M.（編）　伊藤　洸（監訳）　1989　コフート自己心理学セミナー1　金剛出版
エルソン, M.（編）　伊藤　洸（監訳）　1990　コフート自己心理学セミナー2　金剛出版
エルソン, M.（編）　伊藤　洸（監訳）　1992　コフート自己心理学セミナー3　金剛出版
ドナルドソン-プレスマン, S. & プレスマン, R. M.　1997　自己愛家族―アダルトチャイルドを生むシステム―　金剛出版
福西勇夫　2000　「傷つきたくない」気持ちの精神病理―青少年の衝動行動のゆくえ―　女子栄養大学出版部
細井啓子　1998　こころを閉ざす子どもたち―鏡をめぐるこころの深層―　ブレーン出版
細井啓子　2000　ナルシシズム―自分を愛するって悪いこと？―　サイエンス社
井上果子・松井　豊　1998　境界例と自己愛の障害―理解と治療にむけて―　サイエンス社
磯部　潮　2003　人格障害かもしれない　光文社
ヤコービ, M.（著）　高石浩一（訳）　1997　個性化とナルシシズム―ユングとコフートの自己の心理学―　創元社
ヤコービ, M.（著）　高石浩一（訳）　2003　恥と自尊心―その起源から心理療法へ―　新曜社
影山任佐　1997　エゴパシー―自己の病理の時代―　日本評論社
影山任佐　1999　「空虚な自己」の時代　日本放送出版協会
香山リカ　1999　〈じぶん〉を愛するということ―私探しと自己愛―　講談社
北山　修（編）　1996　日本語臨床(1)―恥―　星和書店
ルイス, M.（著）　高橋恵子（監訳）　1997　恥の心理学―傷つく自己―　ミネルヴァ書房
ローエン, A.（著）　森下伸也（訳）　1990　ナルシシズムという病い―文化・心理・身

体の病理— 新曜社
町沢静夫 1998 現代人の心にひそむ「自己中心性」の病理—過大な自己愛と現実とのズレに苦しむ若者たち— 双葉社
町沢静夫 2000 自尊心という病—自尊心の傷つきに耐えられない少年たち— 双葉社
町沢静夫 2001 自分を消したいこの国の子どもたち—"傷つきやすい自尊心"の精神分析— PHP研究所
丸田俊彦 1992 コフート理論とその周辺—自己心理学をめぐって— 岩崎学術出版社
ミラー, A.（著） 山下公子（訳） 1996 才能ある子のドラマ—真の自己を求めて— 新曜社
中西信男 1987 ナルシズム—天才と狂気の心理学— 講談社
中西信男 1991 コフートの心理療法 ナカニシヤ出版
中西信男・佐方哲彦 1986 ナルシズム時代の人間学 福村出版
大淵憲一 2003 満たされない自己愛—現代人の心理と対人葛藤— 筑摩書房
岡野憲一郎 1998 恥と自己愛の精神分析—対人恐怖から差別論まで— 岩崎学術出版社
小此木啓吾 1992 自己愛人間 筑摩書房
オーンスタイン, P. H.（編） 伊藤洸（監訳） 1987 コフート入門—自己の探求— 岩崎学術出版社
小塩真司 2004 自己愛の青年心理学 ナカニシヤ出版
ロニングスタム, E. F.（編著） 佐野信也（監訳） 2003 自己愛の障害—診断的, 臨床的, 経験的意義— 金剛出版
鑪幹八郎 1998 恥と意地—日本人の心理構造— 講談社
和田秀樹 1999 〈自己愛〉の構造—「他者」を失った若者たち— 講談社
和田秀樹 2002 〈自己愛〉と〈依存〉の精神分析—コフート心理学入門— PHP研究所
和田秀樹 2002 壊れた心をどう治すか—コフート心理学入門Ⅱ— PHP研究所
ウルフ, E. S.（著） 2001 安村直己・角田豊（訳） 自己心理学入門—コフート理論の実践— 金剛出版

[雑誌の特集等]
総特集 「フロイトと精神分析の現在」 小此木啓吾（編） イマーゴ臨時増刊 1996 青土社
特集 「コフート」 イマーゴ Vol.7 (7), 1996 青土社
現代のエスプリ別冊 「精神分析の現在」 小此木啓吾・妙木浩之（編） 1995
現代のエスプリ別冊 「人格障害」 成田義弘（編） 1997 至文堂
特別企画 「パーソナリティの障害」 西園昌久（編） こころの科学 No.28, 1989 日

付　章■自己愛の障害をもつ青少年を理解するための文献・資料集

　　　本評論社
特別企画　「自己の心理学」　牛島定信（編）　こころの科学　No.82, 1998　日本評論社
特別企画　「人格障害」　福島　章（編）　こころの科学　No.93, 2000　日本評論社
特集　「自己愛型人格障害Ⅰ」　市橋秀夫（編）　精神科治療学　Vol.10 (11), 1995　星和書店
特集　「自己愛型人格障害Ⅱ」　市橋秀夫（編）　精神科治療学　Vol.10 (12), 1995　星和書店
シンポジウム特集　「自己愛の病理とその治療」　精神分析研究　Vol.39 (3), 1995　日本精神分析学会

引用文献

■第1章

American Psychiatric Association 1994 *Diagnostic and statistical manual of mental disorders, fourth edition: DSM-IV*. Washington, D. C. : American Psychiatric Association. 高橋三郎・大野　裕・染矢俊幸（訳）　1996　DSM-Ⅳ　精神疾患の診断・統計マニュアル　医学書院

Blos, P.　1962　*On adolescence: A psychoanalytic interpretation*. New York: Free Press. 野沢栄司（訳）　1971　青年期の精神医学　誠信書房

Cocks, G.　1994　*The curve of life: Correspondence of Heinz Kohut*. Chicago: University of Chicago Press.

Freud, S.　1914　*Zur Einfuhrung des Narzißmus*.　懸田克躬・吉村博次（訳）　1969　ナルシシズム入門　フロイト著作集5　性欲論・症例研究　人文書院　Pp. 109-132.

Gabbard, G. O.　1994　*Psychodynamic psychiatry in clinical practice: The DSM-IV edition*. Washington, D. C. : American Psychiatric Press.　舘　哲朗（監訳）　1997　精神力動的精神医学―その臨床実践〔DSM-Ⅳ版〕③臨床編：Ⅱ軸障害―　岩崎学術出版社

Gabbard, G. O.　1997　Transference and countertransference in the treatment of narcissistic patients. In E. F. Ronningstam (Ed.) *Disorders of narcissism: Diagnostic, clinical, and empirical implications*. Washington, DC: American Psychiatric Press. Pp. 125-145.　佐野信也（監訳）　2003　自己愛の障害―診断的，臨床的，経験的意義　金剛出版

Green, A.　2001　*Life narcissism death narcissism*. Portland: International Specialized Book Service.

上地雄一郎・宮下一博　1992　自己愛の発達と障害およびその測定に関する研究の概観[1]　岡山県立短期大学研究紀要, **37**, 107-117.

Kernberg, O. F.　1970　Factors in the psychoanalytic treatment of narcissistic personalities. *Journal of the American Psychoanalytic Association*, **18**, 51-85.

Kernberg, O. F.　1975　*Borderline conditions and pathological narcissism*. New York: Jason Aronson.

Kernberg, P. F.　1997　Developmental aspects of normal and pathological narcissism.　In E. F. Ronningstam (Ed.) *Disorders of narcissism: Diagnostic, clinical, and empirical implications*. Washington, DC : American Psychiatric Press. Pp. 103-120.　佐野信也（監訳）　2003　自己愛の障害―診断的，臨床

引用文献

的，経験的意義　金剛出版

Kohut, H.　1971　*The analysis of the self.* New York: International Universities Press.　水野信義・笠原　嘉（監訳）　1994　自己の分析　みすず書房

Kohut, H.　1977　*The restoration of the self.* Madison: International Universities Press.　本城秀次・笠原　嘉（監訳）　1995　自己の修復　みすず書房

Kohut, H.　1984　*How does analysis cure ?* Chicago: University of Chicago Press.　本城秀次・笠原　嘉（監訳）　1995　自己の治癒　みすず書房

小松貴弘　1999　自己愛　氏原　寛・小川捷之・近藤邦夫・鑪　幹八郎・東山紘久・村山正治・山中康裕（編）　カウンセリング辞典　ミネルヴァ書房

松木邦裕　1996　対象関係論を学ぶ：クライン派精神分析入門　岩崎学術出版社

Mollon, P.　1993　*The fragile self: The structure of narcissistic disturbance and its therapy.* Northvale: Jason Aronson.

中西信男　1985　性格を知る　有斐閣

中西信男　1987　ナルシズム—天才と狂気の心理学—　講談社

中西信男　1991　コフートの心理療法　ナカニシヤ出版

中西信男・佐方哲彦　1986　ナルシズム時代の人間学　福村出版

岡野憲一郎　1998　恥と自己愛の精神分析—対人恐怖から差別論まで—　岩崎学術出版社

小塩真司　2002　自己愛傾向によって青年を分類する試み—対人関係と適応，友人によるイメージ評定からみた特徴—　教育心理学研究, **50**, 261-270.

小塩真司　2004　自己愛の青年心理学　ナカニシヤ出版

Rosenfeld, H.　1988　A clinical approach to the psychoanalytic theory of the life and death instincts: An investigation into the aggressive aspects of narcissism. In E. B. Spillius (Ed.) *Melanie Klein today* (Vol. 2.)　London: Routledge. Pp. 239-255.　松木邦裕（監訳）　1993　メラニー・クライントゥデイ②　岩崎学術出版社

Stolorow, R. D.　1975　Toward a functional definition of narcissism. *International Journal of Psycho-Analysis*, **56**, 179-185.

和田秀樹　1999　＜自己愛＞の構造—他者を失った若者たち—　講談社

Winnicott, D. W.　1960　Ego distortion in terms of true and false self. In D. W. Winnicott　1982　*Maturational processes and the facilitating environment.* New York: International Universities Press. Pp. 140-152.　牛島定信（訳）　1977　情緒発達の精神分析理論　岩崎学術出版社

■コラム①■

Bulfinch, T.　1855　*The age of fable.* 野上弥生子（訳）　ギリシア・ローマ神話（改

版) 岩波書店
高津春繁　1960　ギリシア・ローマ神話辞典　岩波書店
　コラム②
American Psychiatric Association　1980　*Diagnostic and statistical manual of mental disorders, 3rd edition: DSM-III*. Washington D. C. :American Psychiatric Association.
Emmons, R. A.　1984　Factor analysis and construct validity of the narcissistic personality inventory. *Journal of Personality Assessment*, **48**, 291-300.
宮下一博・上地雄一郎　1985　青年におけるナルシシズム（自己愛）的傾向に関する実証的研究(1)　総合保健科学：広島大学保健管理センター研究論文集, **1**, 51-61.
大石史博・福田美由紀・篠置昭男　1987　自己愛人格の基礎的研究 (1) —自己愛人格目録の信頼性と妥当性について—　日本教育心理学会第29回総会発表論文集, 534-535.
小塩真司　1998a　青年の自己愛傾向と自尊感情，友人関係のあり方との関連　教育心理学研究, **46**, 280-290.
小塩真司　1998b　自己愛傾向に関する一研究—性役割観との関連—　名古屋大学教育学部紀要（心理学）, **45**, 45-53.
Raskin, R. N. & Hall, C. S.　1979　A narcissistic personality inventory. *Psychological Reports*, **45**, 590.
Raskin, R. N. & Hall, C. S.　1981　The narcissistic personality inventory: Alternate form reliability and further evidence of its construct validity. *Journal of Personality Assessment*, **45**, 159-162.
佐方哲彦　1986　自己愛人格の心理測定—自己愛人格目録（NPI）の開発—　和歌山県立医科大学進学課程紀要, **16**, 77-86.
　コラム③
相澤直樹　2002　自己愛的人格における誇大特性と過敏特性　教育心理学研究, **50**, 215-224.
Gabbard, G. O.　1989　Two subtypes of narcissistic personality disorder. *Bulletin of the Menninger Clinic*, **53**, 527-532.
上地雄一郎・宮下一博　1992　自己愛の発達と障害およびその測定に関する研究の概観［1］　岡山県立短期大学研究紀要, **37**, 107-117.
葛西真記子　1999　日本版「誇大感（Grandiosity）」欲求尺度作成の試み— Kohutの自己愛理論にもとづいて—　カウンセリング研究, **32**, 134-144.
Kohut, H.　1971　*The analysis of the self*. New York: International Universities Press.　水野信義・笠原　嘉（監訳）1994　自己の分析　みすず書房

引用文献

Lapan, R. & Patton, M. J. 1986 Self-psychology and adolescent process: Measures of pseudoautonomy and peer-group dependence. *Journal of Counseling Psychology*, **33**, 136-142.

岡田　努　1999　現代青年に特有な友人関係の取り方と自己愛傾向の関連について　立教大学教職研究, **9**, 21-31.

小塩真司　2002　自己愛傾向によって青年を分類する試み―対人関係と適応，友人によるイメージ評定からみた特徴―　教育心理学研究, **50**, 261-270.

Raskin, R. N. & Hall, C. S. 1979 A narcissistic personality inventory. *Psychological Reports*, **45**, 590.

高橋智子　1998　青年のナルシシズムに関する研究―ナルシシズムの2つの側面を測定する尺度の作成―　日本教育心理学会第40回総会発表論文集, 147.

コラム④

太宰　治　1934　葉　晩年　太宰治全集（文庫版）10　1988　筑摩書房　所収

太宰　治　1946　河盛好蔵宛書簡　太宰治全集別巻　1992　筑摩書房　所収

太宰　治　1948　人間失格　太宰治全集（文庫版）9　1989　筑摩書房　所収

キーン, D.　徳岡孝夫・角地幸男（訳）　1996　太宰　治　日本文学の歴史14　近代・現代編4　中央公論社　Pp. 204-305.

三島由紀夫　1963　私の遍歴時代　決定版三島由紀夫全集32　2003　新潮社　所収

米倉育男　2001　太宰治と三島由紀夫の自己愛の比較　プシコ　Vol.12, 16-21. 冬樹社

コラム⑤

Kohut, H. 1985 Strozier, C. B. (Ed.) *Self psychology and the humanities: Reflections on a new psychoanalytic approach.* New York. : W. W. Norton　林直樹（訳）　1996　自己心理学とヒューマニティ―新しい精神分析的アプローチに関する考察―　金剛出版

■第2章

American Psychiatric Association 1994 *Diagnostic and statistical manual of mental disorders, fourth edition: DSM-IV.* Washington, D. C. : American Psychiatric Association.　高橋三郎・大野　裕・染矢俊幸（訳）　1996　DSM-IV　精神疾患の診断・統計マニュアル　医学書院

Arieti, S. & Bemporad, J. 1978 *Severe and mild depression: The psychotherapeutic approach.* New York: Basic Books.　水上忠臣・横山和子・平井富雄（訳）

  1989　うつ病の心理―精神療法的アプローチ―　誠信書房

Broucek, F. J.　1991　*Shame and the self.* New York: Guilford Press.

Cooper, A. M.　1997　Further developments in the clinical diagnosis of narcissistic personality disorder. In E. F. Ronningstam(Ed.) *Disorders of narcissism.* Washington, D. C.: American Psychiatric Press. Pp.53-74.　佐野信也（監訳）2003　自己愛の障害　金剛出版

Erikson, E. H.　1950　*Childhood and society.* New York: Norton.　仁科弥生（訳）1977　幼児期と社会1・2　みすず書房

Gabbard, G. O.　1989　Two subtypes of narcissistic personality disorder. *Bulletin of the Menninger Clinic*, **53**, 527-532.

Gabbard, G. O.　1994　*Psychodynamic psychiatry in clinical practice: The DSM-IV edition.* Washington, D. C.: American Psychiatric Press.　舘　哲朗（監訳）1997　精神力動的精神医学―その臨床実践〔DSM-IV版〕③臨床編：II軸障害―　岩崎学術出版社

Jacoby, M.　1991　*Scham-Angst und Selbstwertgefuehl: Ihre Bedeutung in der Psychotherapie.* Wilhelmshaven: Walter-Verlag．

笠原　嘉　1977　青年期―精神病理学から―　中央公論社

笠原　嘉　1984　アパシー・シンドローム―高学歴社会の青年心理―　岩波書店

笠原　嘉　1988　退却神経症―無気力・無関心・無快楽の克服―　講談社

笠原　嘉　2004　退却神経症―最近の経験から―　臨床精神医学, **33** (4), 379-383.

北山　修　1981　患者の羞恥体験に対する治療者の＜受け取り方＞　精神分析研究, **25**, 317-328.

近藤章久　1970　対人恐怖について―森田を起点として―　精神医学, **12**, 22-28.

松田文雄　2000　不登校その後　狩野力八郎・近藤直司（編）　青年のひきこもり　岩崎学術出版社　Pp. 47-53.

Millon, T.　1981　*Disorders of personality: DSM-III, Axis II.* New York: John Wiley & Sons.

Millon, T. & Davis, R. D.　1996　*Disorders of personality: DSM-IV and beyond.* New York: John Wiley & Sons.

三好郁男　1970　対人恐怖について―「うぬぼれ」の精神病理―　精神医学, **12**, 29-34.

森　有正　1977　経験と思想　岩波書店

森田正馬・高良武久　1953　赤面恐怖の治し方　白揚社

引用文献

Morrison, A. P.　1989　*Shame: The underside of narcissism*. Hillsdale: Analytic Press.

岡野憲一郎　1998　恥と自己愛の精神分析―対人恐怖から差別論まで―　岩崎学術出版社

小此木啓吾　1981　自己愛人間―現代ナルシシズム論―　朝日出版社

Ronningstam, E. F.　1997　*Disorders of narcissism*. Washington, D. C.: American Psychiatric Press.　佐野信也（監訳）2003　自己愛の障害　金剛出版

斎藤　環　1998　社会的ひきこもり―終わらない思春期―　PHP研究所

佐藤修策・黒田健次　1994　あらためて登校拒否への教育的支援を考える　北大路書房

下山晴彦　2002　アパシー性人格障害　下山晴彦・丹野義彦（編）　講座臨床心理学4巻　異常心理学Ⅱ　東京大学出版会　Pp. 83-103.

Tatara, M.　1993　Patterns of narcissism in Japan. In J. Fiscalini & A. L. Grey (Eds.) *Narcissism and the interpersonal self*. New York: Columbia University Press.　Pp. 223-237.

鑪　幹八郎　1998　恥と意地―日本人の心理構造―　講談社

鑪　幹八郎　2002　アイデンティティの根としての自律性　鑪　幹八郎著作集Ⅰ：アイデンティティとライフサイクル論　ナカニシヤ出版　Pp. 355-372.

鑪　幹八郎　2003　恥とナルチシズム―ひきこもりについての省察―　鑪　幹八郎著作集Ⅱ：心理臨床と精神分析　ナカニシヤ出版　Pp. 261-270.

土川隆史　1989　大学生のアパシー―スチューデント・アパシー再検討―　清水將之（編）　青年期の精神科臨床　金剛出版　Pp. 226-239.

土川隆史　1990　スチューデント・アパシーの輪郭　土川隆史（編）　スチューデント・アパシー　同朋舎　Pp. 1-65.

土川隆史　1992　アパシー学生への援助技法　全国学生相談研究会議（編）　現代のエスプリ296　キャンパスでの心理臨床　至文堂　Pp. 132-143.

内沼幸雄　1977　対人恐怖の人間学―恥・罪・善悪の彼岸―　弘文堂

和田秀樹　1999　＜自己愛＞の構造―「他者」を失った若者たち―　講談社

Wink, P.　1991　Two faces of narcissism. *Journal of Personality and Social Psychology*, **61**, 590-597.

山本　力　1998　抑うつと悲哀の理解と対応　鑪　幹八郎（監修）　精神分析的心理療法の手引き　誠信書房　Pp. 189-193.

コラム⑧

Lifton, R. J.　1999　*Destroying the world to save it: Aum Shinrikyo, apocalyptic violence, and the new global terrorism*. New York: Henry Holt & Co.　渡辺学（訳）　2000　終末と救済の幻想：オウム真理教とは何か　岩波書店

コラム⑨

Mullen, P. E., Pathe, M., & Purcell, R.　2000　*Stalkers and their victims*. New York: Cambridge University Press.　詫摩武俊（監訳）・安岡　真（訳）　2003　ストーカーの心理―治療と問題の解決に向けて―　サイエンス社

岡野憲一郎　1998　恥と自己愛の精神分析―対人恐怖から差別論まで―　岩崎学術出版社

　コラム⑩

影山任佐　1999　「空虚な自己」の時代　日本放送出版協会

■第３章

American Psychiatric Association　1994a　*Diagnostic and statistical manual of mental disorders, fourth edition: DSM-IV*. Washington, D. C. :American Psychiatric Association.　高橋三郎・大野　裕・染矢俊幸（訳）1996　DSM-IV　精神疾患の診断・統計マニュアル　医学書院

American Psychiatric Association　1994b　*Quick reference to the diagnostic criteria for DSM-IV*. Washington, D. C. : American Psychiatric Association.　高橋三郎・大野　裕・染矢俊幸（訳）1995　DSM-IV 精神疾患の分類と診断の手引　医学書院

Chethik, M.　1989　*Techniques of child therapy:Psychodynamic strategies*. New York:Guilford Press.　齋藤久美子（監訳）　1999　子どもの心理療法：サイコダイナミクスを学ぶ　創元社

Elson, M.　1987　T*he Kohut seminars on self psychology and psychotherapy with adolescents and young adult*. New York:W. W. Norton.　伊藤　洸（監訳）1989　コフート自己心理学セミナー１　金剛出版

神田橋條治　1990　精神療法面接のコツ　岩崎学術出版社

北山　修　1996　恥の取り扱いをめぐって　北山　修（編集代表）　日本語臨床１：恥　星和書店　Pp. 41-61.

Kernberg, O. F.　1975　*Borderline conditions and pathological narcissism*. New York: Jason Aronson.

Kernberg, O. F.　1984　*Severe personality disorders: Psychotherapeutic strategies*. New Haven: Yale University Press.　西園昌久（監訳）　1996　重症パーソナリティ障害　岩崎学術出版社

Kohut, H.　1971　*The analysis of the self*. New York: International Universities Press.　水野信義・笠原　嘉（監訳）　1994　自己の分析　みすず書房

Kohut, H.　1977　*The restoration of the self*. New York: International Universities

引用文献

　　　　 Press.　本城秀次・笠原　嘉（監訳）　1995　自己の修復　みすず書房

Kohut, H.　1984　*How does analysis cure ?*　Chicago: University of Chicago Press.　本城秀次・笠原　嘉（監訳）　1995　自己の治癒　みすず書房

Marshall, R. J.　1982　*Resistant interaction: Child, family and psychotherapist.*　New York: Human Sciences Press.　一丸藤太郎（監訳）　1997　心理療法における抵抗―ジョイニング技法の実際―　創元社

Mitchell, S. A.　1988　*Relational concepts in psychoanalysis.*　Cambridge: Harvard University Press.　鑪　幹八郎（監訳）・横井公一（訳）　1998　精神分析と関係概念　ミネルヴァ書房

Nelson, M. C.　1968　"... More than one way to skin a cat." In E. F. Hammer (Ed.)　*Use of interpretation in treatment: Technique and art.*　Northvale: Jason Aronson. Pp. 260-269.

岡野憲一郎　1998　恥と自己愛の精神分析―対人恐怖から差別論まで―　岩崎学術出版社

Spotnitz, H.　1969　*Modern psychoanalysis of the schizophrenic patient.*　New York: Grune & Stratton.　神田橋條治・坂口信貴（訳）　1974　精神分裂病の精神分析―技法と理論―　岩崎学術出版社

Stolorow, R. D., Brandchaft, B., & Atwood, G. E.　1987　*Psychoanalytic treatment: An intersubjective approach.*　Hillsdale: Analytic Press.　丸田俊彦（訳）　1995　間主観的アプローチ　岩崎学術出版社

鑪　幹八郎　1998　精神分析的心理療法の日本的特徴　鑪　幹八郎（監修）　精神分析的心理療法の手引き　誠信書房　Pp. 282-301.

Wolf, E. S.　1988　*Treating the self.*　New York: Guilford Press.　安村直己・角田　豊（訳）　2001　自己心理学入門―コフート理論の実践―　金剛出版

コラム⑪

Kohut, H.　1971　*The analysis of the self.*　New York: International Universities Press.　水野信義・笠原　嘉（監訳）　1994　自己の分析　みすず書房

Winnicott, D. W.　1967　Mirror-role of mother and family in child development. In D. W. Winnicott, *Playing and reality.* London: Tavistock Publications.　橋本雅雄（訳）　1979　遊ぶことと現実　岩崎学術出版社　Pp. 156-166.

Zazzo, R.　1993　*Reflets de miroir et autres doubles.*　Paris: Presses Universitaires de France.　加藤義信（訳）　1999　鏡の心理学　ミネルヴァ書房

人名索引

● A
相澤直樹　20
Arieti, S.　64

● B
Bemporad, J.　64
Blos, P.　15
Broucek, F.J.　83, 85

● C
Chethik, M.　115
Churchill, W.L.S.　36, 37
Cooper, A.M.　85

● D
太宰　治　34, 35

● E
Ellis, H.　3
Elson, M.　117
Emmons, R.A.　19
Erikson, E.H.　79, 86

● F
Freud, S.　10

● G
Gabbard, G.O.　41, 71, 84
Green, A.　28

● H
Hall, C.S.　19
Hitler, A.　36, 37

● K
影山任佐　90

上地雄一郎　19
笠原　嘉　68
葛西真記子　20
Kernberg, O.F.　4, 22, 23, 29, 93
北山　修　100, 101
Kohut, H.　4, 11, 23-25, 27, 31, 32, 93, 106, 107
小松貴弘　4
近藤章久　82
黒田健次　75

● L
Lapan, R.　20
Lifton, R.J.　88

● M
Mahler, M.　115
Marshall, R.J.　94
松田文雄　74
Millon, T.　50
三島由紀夫　34, 35
Mitchell, S.A.　94, 97, 107
宮下一博　19
三好郁男　82
Mollon, P.　31, 32
森　有正　67
森田正馬　82
Morrison, A.P.　85

● N
Näcke, P.　3
Nelson, M.C.　94

● O
大石史博　19
岡田　努　20
岡野憲一郎　6, 83-85, 100, 101, 小塩真司　15, 18, 19

141

人名索引

●P
Patton, M.J.　20
Pearls, F.S.　64

●R
Raskin, R.N.　19
Rogers, C.R.　101
Ronningstam, E.F.　87
Rosenfeld, H.　31

●S
斎藤　環　74
佐方哲彦　19
佐藤修策　75
下山晴彦　69, 71
Spotnitz, H.　94
Stolorow, R.D.　7, 107

●T
高橋智子　20
鑪　幹八郎　77-79, 86
土川隆史　69, 73

●U
内沼幸雄　82

●W
Walters, P.A.　68
Wink, P.　84, 85
Winnicott, D.W.　29, 31, 128
Wolf, E.S.　107

●Z
Zazzo, R.　128

事項索引

●あ
アパシー性人格障害　69, 70
アモルファス　86

●い
一次的自己愛　3, 4, 11
偽りの自己　29, 31
居間性　121, 123

●う
映し返し　118, 128
うつ病　63

●え
NPI　19
演技性人格　52

●お
オウム真理教　88
親から借り受けた恥　86
親に植えつけられた恥　86

●か
解離型　84
カウンセラー自身の自己愛　104
鏡　13, 128
鏡転移　23, 24, 106, 119
仮想自己　11, 12
価値　28
過敏型　55-61, 71, 72, 84, 85, 99-104
過敏で傷つきやすいタイプ　55, 99
カルト　53, 88
完全癖　72, 78

●き
傷つきやすさ　59
機能的自己　14
鏡映機能　34, 86
境界性人格障害　23, 40
境界例　40, 44
共感性の乏しさ　59
共感的な態度　102
共感不全　100, 106, 107
凝集自己　13
緊張弧　14

●く
グループ　121

●け
健康な自己愛　7, 42, 43

●こ
効力体験　107
誇大自己　5, 13, 24, 27, 30, 36, 37
誇大-自己顕示型　84
誇大性　29, 31, 50, 51, 57, 73
誇大な自己像（自己イメージ）　43, 45, 57

●さ
最適の欲求不満　13, 14, 107

●し
自我理想　4
自虐性　97
自己愛傾向の2成分モデル　15
自己愛構造体　31
自己愛人格目録　16, 19
自己愛性人格障害　21-23, 29
自己愛性人格の適応型　54
自己愛総合　16, 18

事項索引

自己愛的憤怒　24, 90
自己愛の定義　6
自己愛の発達　10, 11
自己確認型犯罪　90
自己主張性　16, 18
自己対象　8, 65
自己対象環境　65
自己対象喪失　65
自己対象転移　106
自己対象欲求　7
自己中心型　83
自己破壊的行動　44
自己憐憫　34, 43
自然な自己愛　7
自体愛　10
羞恥　83
受動的自我　79
受容的な態度　101
ジョイニング　94, 97
自律性　79, 86
死んでいる母親　28

●す
垂直分割　24
水平分割　24
スクールカウンセラー　109, 118
スチューデント・アパシー　68, 69, 70
ストーカー　89

●せ
脆弱-過敏型　84, 85

●そ
双極性自己　13
相談室登校　112
尊大で自己顕示的なタイプ　49, 92

●た
対象愛　5, 11
対人恐怖　81-83
第二の個体化　15
タイプの違い　40
断片自己　11, 12

●ち
恥辱　83
中核自己　13
注目・賞賛欲求　16, 18

●て
DSM-Ⅳ　21, 22, 50, 115

●と
透明な自己　90
特権（者）意識　6, 21, 51, 113, 116

●な
ナルキッソス　3, 9
ナルシシズム　3

●に
二次的自己愛　4, 11

●の
能動的自我　79, 81

●は
迫害的超自我　30
恥　6, 60, 78, 81, 98, 100
恥ずべき自己　84, 85, 86
反社会性人格（障害）　45, 52
反社会的傾向　44, 45

●ひ
ひきこもり　45, 74, 75, 77
否定的（な）自己像　29, 30

144

皮膚自我　　86
病理的な自己愛　　7

●ふ
双子欲求　　13
不登校　　74, 75, 77
分身欲求　　13

●へ
偏執症　　44

●ほ
防衛的構造　　32, 33
訪問面接　　110
母子同席面接　　111
補償的構造　　32, 33

●み
見捨てられ抑うつ　　66

●む
無自覚型　　71, 84

●や
薬物・アルコール依存　　46
野心　　5, 13, 14

●よ
抑うつ　　62, 64

●り
理想　　5, 13, 14, 28
理想化　　4, 5, 13, 27, 28, 103
理想化された親イマーゴ（親像）　　5, 13, 25
理想化転移　　24, 106, 119
理想化への対応　　103
理想自己　　84-86
リーダー　　54, 124

●れ
レベルの違い　　42

【執筆者一覧】

上地雄一郎	編者	1-1, 1-3-2, 3-1-3, 付章, コラム10
小塩　真司	中部大学	1-2
宮下　一博	編者	1-3-1
中尾　和久	甲南女子大学	2-1
西村　馨	国際基督教大学	2-2-1, 3-1-1
小松　貴弘	大分大学	2-2-2, 3-1-2
山本　力	岡山大学	2-3-1
勝見　吉彰	県立広島女子大学	2-3-2
辻河　昌登	兵庫教育大学	2-3-3
鈴木　康之	杜蔵心理相談室	2-3-4
上地　玲子	岡山短期大学	3-2-1
薦田　未央	京都ノートルダム女子大学	3-2-2
菊地　まり	東京都立新宿山吹高等学校	3-2-3

■コラム

更科　友美	臨床心理士	コラム1・11
松本　智子	葛飾区立総合教育センター	コラム2・3
渡辺　亘	大分大学	コラム4・5
鑪　幹八郎	京都文教大学	コラム6・7
福田　雄一	広島文教女子大学	コラム8・9

【編者紹介】

上地雄一郎（かみじ・ゆういちろう）

　　1955年　高知県に生まれる
　　1983年　広島大学大学院教育学研究科博士課程後期中退
　　現　在　甲南女子大学人間科学部教授

主著・論文

　　発達心理学の基礎Ⅲ―発達ニーズの臨床―（共著）　ミネルヴァ書
　　　　房　1994年
　　精神分析的心理療法の手引き（共著）　誠信書房　1998年
　　思春期危機を契機に発病した抑うつに対する精神分析的心理療法
　　　　の一例　心理臨床学研究　第8巻　29-41　1991年
　　父親コンプレックスからみた神経症男子学生の事例　学生相談研
　　　　究　第13巻　9-17　1992年
　　自己心理学的視点による学生カウンセリング　学生相談研究　第
　　　　18巻　1-10　1997年

宮下一博（みやした・かずひろ）

　　1953年　東京都に生まれる
　　1981年　広島大学大学院教育学研究科博士課程後期中退
　　現　在　千葉大学教育学部教授

主著・論文

　　心理学マニュアル質問紙法（共編著）　北大路書房　1998年
　　アイデンティティ研究の展望Ⅴ-1，Ⅴ-2（共編）　ナカニシヤ出版
　　　　1998，1999年
　　高校生の心理2　深まる自己（共著）　大日本図書　1999年
　　子どもの心理臨床（共編著）　北樹出版　1999年
　　子どものパーソナリティと社会性の発達（共編著）　北大路書房
　　　　2000年
　　キレる青少年の心（共編著）　北大路書房　2002年
　　ひきこもる青少年の心（共編著）　北大路書房　2003年

シリーズ 荒れる青少年の心

もろい青少年の心 ―自己愛の障害―
発達臨床心理学的考察

2004年 9月10日 初版第1刷発行	定価はカバーに表示
2006年12月20日 初版第2刷発行	してあります。

編著者　上地雄一郎
　　　　宮下一博

発行所　㈱北大路書房
　　　　〒603-8303　京都市北区紫野十二坊町12-8
　　　　電　話　(075) 431-0361㈹
　　　　ＦＡＸ　(075) 431-9393
　　　　振　替　01050-4-2083

©2004　制作/T. M. H.　印刷・製本/創栄図書印刷㈱
検印省略　落丁・乱丁本はお取り替えいたします

ISBN4-7628-2396-1　Printed in Japan